VENDA-SE

HARRY BECKWITH
CHRISTINE CLIFFORD BECKWITH

HARRY BECKWITH
CHRISTINE CLIFFORD BECKWITH

A ARTE DE CONSTRUIR UMA IMAGEM

VENDA-SE

Tradução
Maria Clara De Biase W. Fernandes

CIP-BRASIL. CATALOGAÇÃO-NA-FONTE
SINDICATO NACIONAL DOS EDITORES DE LIVROS, RJ.

B355v   Beckwith, Harry, 1949-
        Venda-se / Harry Beckwith e Christine Clifford Beckwith; tradução: Maria Clara De Biase W. Fernandes. – Rio de Janeiro: Best*Seller*, 2008.

        Tradução de: You, Inc.: a field guide to selling yourself
        ISBN 978-85-7684-184-5

        1. Comunicação em marketing. 2. Autoprojeção. 3. Agências de propaganda. I. Beckwith, Christine Clifford, 1954-. II. Título.

08-2109   CDD: 658.85
                                                        CDU: 658.85

Título original norte-americano
YOU INC. A FIELD GUID TO SELLING YOURSELF
Copyright © 2007 by Harry Beckwith and
Christine Clifford Beckwith
Copyright da tradução © 2007 by Editora Best Seller Ltda.
Publicado mediante acordo com Warner Books, Inc.,
New York, New York, USA.

Capa: Folio Design
Editoração eletrônica: Abreu's System

Todos os direitos reservados. Proibida a reprodução,
no todo ou em parte, sem autorização prévia por escrito
da editora, sejam quais forem os meios empregados.

Direitos exclusivos de publicação em língua portuguesa
para o Brasil adquiridos pela
EDITORA BEST SELLER LTDA.
Rua Argentina, 171, parte, São Cristóvão
Rio de Janeiro, RJ – 20921-380
que se reserva a propriedade literária desta tradução

Impresso no Brasil

ISBN 978-85-7684-184-5

Para Adrian Stump

Agradecimentos

Finalmente está pronto, graças a Deus!
Somos gratos a muitas pessoas por esta chance.
A nossos filhos — falando de inspiração — Tim, Harry, Will, Brooks, Cole e Cooper. Vocês são bênçãos impossíveis de descrever com palavras. Esperamos que este livro os ajude.
À nossa família ampliada, inclusive a irmã Pam Haros e o cunhado Nick Haros, os irmãos Greg e James Meyer, Neda Weldele, a madrasta Stephanie Meyer, John, Bette e Bill Clifford, Alice Beckwith, Jim e Becky Powell e David e Cindy Beckwith, por nos cercarem de amor e apoio.
A Cliff Greene e Sue Crolick, que puseram este trem em movimento; David Potter, Ron Rebholz, William Clebsch, Clifford Rowe, David Kennedy e Paul Robinson, ótimos professores de Harry; Stephanie Prem e Cathy e Jim Phillips; e John McPhee, E. B. White, Kurt Vonnegut Jr. e Theodor Geisel.
A Pat Miles, Pat e Kathy Lewis, Margie Sborov, Dr. Buck Brown, Larry Gatlin, Ruth Ann Marshall, Bill Coore, Arnold Palmer, Bob Brown e Bill Bartels, Dr. Burton Schwartz, Dr. Tae Kim, Dra. Margit L. Bretzke, Gerald McCullagh e Jack Lindstrom.
Agradecemos também a Ty Votaw e Bill Passolt.
Este livro seria inconcebível sem o talento e a paciência constante do pessoal da Warner Books, que continua a provar que em alguns lugares de Nova York as pessoas são tão cordiais quanto em qualquer cidade

do Sul: Rick Wolff, é claro, Sharon Krassney pelo que parece uma eternidade, o duo esplêndido de Giorgetta Bell McRee e Bernadette Evangeliste, Jason Pinter e Dan Ambrosio.

Harry é particularmente agradecido à mulher que demonstrou de modo tão claro a sensatez de fazermos o que nos deixa desconfortáveis. Ele não queria ir a Portland — Oregon — naquele dia para falar, particularmente devido ao pacote de compensação, que era zero. Mesmo assim foi, e a compensação acabou sendo enorme. Harry encontrou o que lhe faltara durante toda sua vida: Christine. O resto é pessoal e extenso demais para ser explicado aqui, especialmente em palavras fáceis de entender. "Mais do que maravilhoso", como diria Christine, ao que ele responde: "Sou mais do que grato."

Este livro é dedicado ao nosso sobrinho Adrian, com nosso mais profundo pesar e a esperança de que o sacrifício dele torne o mundo melhor. Se for assim, algo de muito bom o aguarda.

SUMÁRIO

INTRODUÇÃO	15
GATINHAS E GATÕES E GARÇONETES SAGAZES:	
O QUE AS PESSOAS COMPRAM	17
Viver é vender	19
O coração de todo negócio	20
O que você realmente vende	21
O que as pessoas valorizam	23
Nada mais do que sentimentos	24
DE BEIJOS NA CHINA A *GRACELAND*:	
PLANEJAMENTO E PREPARAÇÃO	25
"Ter em mente o objetivo"	27
O verdadeiro papel do estabelecimento de objetivos	28
Então, quem é você?	30
O que você faz?	31
Pau pra toda obra	32
Que diferença você faz?	33
Sua terceira pergunta	34
A quarta pergunta e o poder dos estereótipos	34
O que procurar	37
Trabalhe os pontos fracos	38
Conclusões precipitadas	39
Mentor — ou mentores?	41
A chave para o sucesso	42
Busque o amor firme	44
Cultive uma imagem	46
As pessoas decidem e depois pensam	47
As pessoas compram você com os olhos	48

Sua embalagem 49
Imagens e estereótipos 51
Mude de embalagem para contradizer seu estereótipo 53
Invista em você 54
Truques e caminhos mais curtos 57
O pensamento fora da caixa 57
Recompensas da educação esquecidas 60
Leve este livro para Santiago 61

MOTOS, APPLE E "A ROUPA ÍNTIMA DO AUTOR": COMUNICAÇÕES 65

Como mudar 67
Como se vender para quem está sobrecarregado 69
A *verdadeira* primeira regra da comunicação 70
Simplifique 71
O que a Wal-Mart lhe diz 72
"A roupa íntima do autor" 74
A marca chamada Você 75
Inspirações para sua marca 77
A sabedoria da Apple: procure metáforas 79
Inspirações para metáforas 81
Não me faça rir 82
Não faça alarde de suas credenciais 84
Não tente convencer; conte sua história 85
O que é "Uma boa história"? 87
O primeiro truque ao contar histórias 89
O segundo truque ao contar histórias 90
Trabalhe a mensagem 92
O dom de ser claro 93
Seja claro 94
Seu último passo 94

DUAS HABILIDADES-CHAVE: OUVIR E FALAR 97

Como ser fascinante 99
Saiba ouvir 99

O modo mais fácil de perder alguém	101
Nossa interpretação errada do que é ouvir	103
Mais um passo	105
Ouça o que não é dito	105
A prova de que ouvir surte efeito	106
O coração de todas as apresentações	107
O papel da eloqüência	110
Como continuar avançando	111
Sobre alcançar o público	112
Seu olhar	113
Como fazer um excelente discurso de dez minutos	114
Como fazer um excelente discurso de trinta minutos	115
Por que os discursos devem ser curtos	115
Atraia o fundo da sala	116
Piadas	118
A única piada que funciona	119
Os perigos do PowerPoint	120
Ajuda para a compreensão?	121
Ajuda visual, sim. Ajuda para a memória, não	123
Onde os slides falham mais claramente	125
Como saber que você fez uma ótima apresentação	127

DE ROBIN WILLIAMS A DR. JEKYLL:
RELACIONAMENTOS — 129

A lição na insensatez dos democratas	131
Toda venda é emocional	133
O que as pessoas mais desejam de você	134
O momento-chave em todo relacionamento	135
Tudo de que precisamos é amor	136
A importância da importância	138
O que as pessoas querem?	140
A corrida é vencida pelos mais rápidos	142
Tudo o que você precisa saber sobre integridade	145
O outro conhecimento mais importante	145

Como fracassar	147
Ponto em comum	148
Adapte-se	150
As palavras mágicas do relacionamento	152
O que a P&G sabe: cinco minutos antes	152
O poder extraordinário do comum	154
O comum em ação	156
Jekyll, não Hyde: seja previsível	157
Preste atenção ao pessoal de apoio	159
O poder dos sacrifícios	161

PERUCAS VOADORAS, COBRAS E DEMÔNIOS: ATITUDES E CRENÇAS — 163

As crenças funcionam	165
Faça o que você adora	166
Mas eu ouvi isso antes	167
Três passos para a frente	168
Nossa interpretação errada	169
A vida é o que você a torna?	171
Sinta-se desconfortável	172
Mas eu estou desconfortável	173
A idéia não é facilitar?	174
Mais uma vez	175
Escolha os pontos, não as linhas	175
O problema com o dinheiro (além de não tê-lo em quantidade suficiente)	177
Demitir, ser demitido e outros acontecimentos felizes	179
Um clássico dos negócios	180
O rei da confiança	182
O poder de Peter	183
Confiança e grandeza	185
Entre	187
Aqueles que riem	187

Sumário

Comparações com os outros	190
Seja você mesmo (não há alternativa!)	191

Sexo (finalmente) e outras coisas importantes: táticas e hábitos — 193

O poder das pequenas coisas	195
Sua maior dívida	197
Agradeça de um modo inesquecível	198
Obrigado	201
O valor egoísta do "obrigado"	202
Como escrever um agradecimento eficaz	203
O que seu telefone celular diz	204
Faça como os chineses	204
Falando ao telefone	205
Chamadas de surpresa	206
Conforto e roupas	207
A Regra da UCM (Uma Coisa Memorável)	208
Um terno muito bom e escuro	210
Sapatos de amarrar pretos e caros	211
Por que pastas impressionantes funcionam	212
O princípio da segurança contra falhas	212
Esperteza	214
Uma coisa a evitar	216
E outra	216
Também não diga isso	217
Sexo (finalmente!)	218
Mais sexo	218
Como fazer com que acreditem em você	219
Segredos	220
Erros	221
Faça o bem, nem que seja por motivos egoístas	222
Como causar uma ótima primeira impressão	224
Sobre criticar	225
A bajulação não leva a lugar algum	226

Chega do Sr. Durão	227
Cuidado com os pechincheiros	228
O poder de seu preço	229
O poder de seu preço, parte dois	230
Tempo	231
Como se lembrar de nomes	231
Há esperança	233
Seu cartão de visita	235
Cartões de Natal	237
Como escrever um memorando impressionante	239
Acompanhamento	239
Arranque a vitória das garras da derrota	240
Busque a mudança	242
A mensagem em *Moneyball*	244

O SANDUÍCHE DE 18 MILHÕES DE DÓLARES E O DINOSSAURO: SUCESSOS E MARAVILHOSOS FRACASSOS   249

À procura de Larry Gatlin	251
Todos os dias com Morrie	255
Arnie	263
Barney	265
O sanduíche de 18 milhões de dólares	268
Um dia com o melhor vendedor do mundo	271
Giovanni e a força extraordinária da paixão	276

TRÊS PENSAMENTOS, UM DESEJO   279

SOBRE OS AUTORES   285

Introdução

Este livro começou como sendo, na verdade, três livros. *How to Make $1 Million in Sales ($3 Million Before Taxes)* seria o primeiro livro de Christine sobre vendas. Enquanto isso, Harry preparava dois livros. O primeiro, *Seat Belts and Twin Airbags*, seria para nossos filhos e outros que estavam entrando no Mundo Real, um livro que ele esperava que os preparasse para o choque. Seu segundo livro, de codinome *Who Moved My Salad Fork?*, tratava dos costumes. Harry também pensou nos filhos ao concebê-lo, esperando que os costumes e o poder de reflexão tornassem a vida deles — e a dos outros — melhor.

Agora esses três livros se transformaram neste.

Venda-se reflete a lição de uma experiência compartilhada. Nós dois somos oradores. Após apenas algumas apresentações, você percebe que, embora seu anfitrião lhe tenha pedido para falar sobre negócios, o público quer mais. Quer inspiração e uma vida mais gratificante. Algumas pessoas se preocupam se podem ter uma coisa ou outra, quanto mais ambas, no mundo do Trabalho.

Nossa experiência nos garante que podem e devem ter. A vida voa e queremos que a viagem seja maravilhosa.

Em busca de respostas, examinamos muitas fontes. Estudamos pessoas bem-sucedidas em muitas das empresas com as quais trabalhamos. Encontramos algumas especiais — aquelas a quem Gail Sheehy, psicóloga e escritora, certa vez chamou de "pessoas de alto bem-estar" — e nos sentamos e conversamos com elas para ver o que poderíamos aprender e ensinar.

Também examinamos nossas próprias experiências, enfatizando os erros. Como cantou certa vez Bob Dylan, nosso companheiro de Minnesota: "Não há sucesso como o fracasso." Está certo, mas os erros, embora grandes mestres, não são divertidos. Esperamos que este livro transmita a você nossas lições e lhe poupe o sofrimento que elas nos causaram. Duas cabeças pensam melhor do que uma, mas este único livro é melhor do que três deles. Desejamos que você goste tanto de ler esta obra quanto nós gostamos de escrevê-la e vivê-la.

GATINHAS E GATÕES E GARÇONETES SAGAZES: O QUE AS PESSOAS COMPRAM

Viver é vender

É fácil não gostar de vendas ou até mesmo da idéia de vender.

Desde a infância você é condicionado a ter aversão a isso. Em histórias sobre vendedores de poções mágicas, peças como *A morte do caixeiro-viajante* e *Glengarry Glen Ross* e filmes como *O primeiro milhão*, as imagens dos vendedores são sombrias. Vender é desonesto, desumano e só os astutos conseguem sobreviver vendendo.

Mas vamos deixar isso de lado momentaneamente e tratar de um fato facilmente ignorado.

Viver é vender.

Comece pela infância e se lembre de todas as suas tentativas de vender uma idéia. Você tentou convencer seus pais a levá-lo à Disney World, aumentar sua mesada, deixá-lo voltar para casa mais tarde, dormir na casa de alguém, comprar uma bicicleta melhor e talvez seu primeiro carro. A propósito, você foi convincente em relação àquele acidente que "não foi realmente culpa minha" e um boletim que parecia sugerir negligência. E em outras situações.

Sua carreira de vendas na infância o preparou para a vida adulta, quando você tentou convencer sua universidade a aceitá-lo, seu patrão a contratá-lo e a agência de automóveis a lhe dar um desconto de 500 dólares sobre o preço de etiqueta. Você convence seus amigos a irem ao seu restaurante favorito. Marido e mulher convencem constantemente um ao outro. Que filme vamos ver? Quem vai levar o cachorro ao veterinário? Quem vai ao supermercado? E assim por diante.

A pergunta não é: você é um vendedor? É: como você poderia se tornar mais eficaz?

Igualmente importante: como poderia enriquecer sua vida?

A resposta é a mesma para todas as perguntas.

Viver é vender. E o caminho para o sucesso na vida e nas vendas é o mesmo.

O coração de todo negócio

Os vendedores inexperientes invariavelmente começam sua abordagem com o preço e o produto, e depois falam sobre a empresa. Somente no final, e talvez nem mesmo então, vendem a si mesmos.

Os vendedores experientes seguem a direção oposta. Eles vendem a si mesmos e às suas organizações e depois discutem o produto. No final dizem: "Agora vamos falar sobre como isto custa pouco, considerando-se tudo o que lhe proporcionará."

A primeira coisa que você vende é a si mesmo.

O que você realmente vende

Quando somos adultos, ouvimos a palavra "popularidade" e ela quase sempre nos soa como um conceito remanescente de nossos velhos tempos de escola. O produtor de cinema John Hughes teve essa sensação e soube que seu público adulto também a teria quando fez seu clássico *Gatinhas e gatões*.

Uma história típica da adolescência e da época da escola, o filme tem um momento clássico. A menina bonita (a gatinha) imagina o futuro com seu namorado sexualmente atraente (o gatão) e pinta para ele o quadro de sua felicidade juntos:

"Nós nos casamos e somos o casal mais popular da cidade."

O público ri. Mas um dia percebemos que a vida *é* mais como a escola do que imaginávamos e que a observação tola no filme de Hughes descreve nosso futuro. Meryl Streep certa vez também nos preveniu: "Eu pensei que a vida seria como a universidade, mas não é", disse. "É como o colégio."

A atriz lamentava que a mestria, que os professores pareciam valorizar tanto, tivesse menos importância na vida do que ela esperara, enquanto a popularidade parecia importar muito mais.

Toda escola secundária teve sua Ardis Peters. Os pais dela não eram ricos. Ela tinha um rosto mais interessante do que bonito. Nunca tentou ser chefe de torcida e nem teria conseguido se tivesse tentado. Mas era impossível resistir a ela. Ardis possuía uma qualidade que todos adoravam mas poucos entendiam ou conseguiam definir.

Nós só sabíamos que gostávamos dela. Olhando para trás, o motivo fica claro: Ardis tinha um sentimento pela vida que atraía as pessoas. Perto dela, você partilhava esse sentimento.

Suas lembranças podem levá-lo à Carla Strand (que estudava em seu colégio). Mesmo com 7 anos, ela abraçava a vida e a vida a abraçava. Todos queriam ser parte da vida de Carla, porque ela a adorava e transmitia isso aos outros.

Meryl Streep, Ardis e Carla apresentam uma lição importante. Sim, você vende suas habilidades nesta vida. Vende o que sabe e pode fazer. Se, usando suas habilidades, for capaz de ajudar pessoas suficientes, terá segurança e poderá enriquecer.

Além disso, a coisa mais importante que você vende é, literalmente, você mesmo: *o seu ser*. As pessoas "compram" os otimistas porque apreciam a companhia deles. "Compram" os íntegros porque eles cumprem o que prometem.

Nossa educação aponta para o aperfeiçoamento profissional. Mas como deveríamos nos comportar, agir e sentir? As escolas não ensinam isso e muitos professores dão exemplos que deveríamos ignorar.

Mas Meryl Streep, Ardis e Carla nos lembram de que realmente aprendemos algo na escola: que a atitude importa. *Atitude vende*.

Desenvolva e aperfeiçoe suas habilidades a cada dia. Mas não se esqueça de que as pessoas compram *todo o seu ser*.

O sucesso e a satisfação provêm do desenvolvimento de todo o seu ser — a começar por suas partes mais profundas.

O que as pessoas valorizam

Para ver o que as pessoas realmente valorizam, observe-as investindo no que acreditam — literalmente.

Observe-as dando gorjetas.

Estudos repetidos de freqüentadores de restaurantes mostram que eles não dão gorjetas maiores quando o serviço é rápido e eficiente.

Em vez disso, dão gorjetas maiores quando a garçonete ou o garçom as faz se sentir bem. Se, por exemplo, a pessoa toca brevemente no cliente, este geralmente dá uma gorjeta maior. Um sorriso cordial, um "prazer em vê-lo de novo, Sr. Peters" ou qualquer outra indicação de "eu gosto de você" também resultam em gorjetas maiores.

Quando a revista *The New Yorker* recentemente analisou essas descobertas, um comentarista disse que estava confuso. Por que nós nos recusamos a pagar mais por "um serviço de qualidade", mas pagamos mais por pequenos gestos triviais de aparente amizade?

Porque esses "gestos" não são triviais; são o que valorizamos em um serviço.

As pessoas valorizam o modo como você as faz se sentir — e pagam mais por isso.

Nada mais do que sentimentos

Uma das maiores seguradoras do mundo recentemente entrevistou outras empresas para lidar com sua folha de pagamento. Após entrevistar as três finalistas, os três membros do comitê de seleção ficaram hesitantes e encontraram uma solução perfeita.

Eles viajaram de avião para a sede de cada finalista, andaram um pouco por lá e "sentiram" cada lugar.

Quando entraram no saguão da terceira empresa, algo imediatamente "pareceu certo". Eles ficaram ali por quatro minutos e depois foram embora.

A caminho de casa, vindos do aeroporto, telefonaram para a terceira empresa e lhe deram a boa notícia de muitos milhões de dólares.

Freqüentemente essa é a diferença. Não mais competência. Não mais anos de experiência. Apenas algo pequeno, como o sentimento que você passa para as pessoas.

As pessoas compram sentimentos.

DE BEIJOS NA CHINA A *GRACELAND*: PLANEJAMENTO E PREPARAÇÃO

"Ter em mente o objetivo"

— Como vocês se tornaram autores? — perguntou-nos alguém.
— Nós demos uma palestra.
Alguns anos depois, as pessoas nos perguntaram como nos tornamos oradores. Nós dois demos uma resposta igualmente honesta:
— Nós escrevemos um livro.
Nós não planejamos nos tornar oradores ou autores. Simplesmente continuamos a fazer o que gostávamos. Não tínhamos um objetivo em mente. Só tínhamos um caminho que adorávamos seguir.
E esse caminho começou com: "Christine, você deveria ser escritora."
As pessoas perguntavam por que eu nunca perseguira minha paixão. Eu sempre dava a mesma resposta: não conseguia pensar em um tema sobre o qual soubesse o bastante.
Quatro semanas após minha cirurgia de câncer de mama, em dezembro de 1994, acordei no meio da noite com uma visão: desenhos animados. Quase cinqüenta desenhos animados relacionados com o câncer começaram a surgir em minha mente.
Seguiram-se dias, semanas e meses de penosos tratamentos. Minha atenção se voltou para os desenhos animados enquanto eu procurava sinais de humor em minha difícil situação. Quanto mais procurava, mais encontrava.
Doze meses depois, assinei um contrato não para um livro, mas para dois livros sobre como usar o hu-

mor para lidar com o câncer cheios desses desenhos animados. Se eu tivesse estabelecido um "objetivo" de me tornar escritora, talvez nunca tivesse escrito um livro. Só continuei a perseguir minha paixão e, uma noite, surgiram de repente dois livros.

Como disse tão bem um pôster da Nike dos anos 1970: "Não há uma linha de chegada." Não há um "objetivo". A vida continua até parar. Você se dirige para o paraíso e então descobre que não é lá. Ou chega ao seu destino só para perceber que não é o fim. Freqüentemente, nem mesmo é uma parada ao longo do caminho.

Você deveria estabelecer objetivos? Talvez, particularmente se precisa deles para se pôr em ação. Mas se apenas os objetivos o põem em ação, estabeleça outro objetivo: encontrar motivação em algo mais do que objetivos.

Onde você deveria procurar? Mais fundo.

O verdadeiro papel do estabelecimento de objetivos

Em sua juventude e perto da linha da pobreza, o ator Jim Carrey escreveu um bilhete em uma folha de papel, pôs no bolso de sua camisa e o guardou ali até não precisar mais dele.

No bilhete estava escrito: "Ganhe 1 milhão de dólares."

Devido a histórias como a de Jim Carrey nós presumimos que estabelecer objetivos é o primeiro passo para alcançá-los. Presumimos que Jim Carrey ganhou 1 milhão de dólares porque estabeleceu e tomou nota desse objetivo. Suspeitamos que seja raro um livro de auto-aperfeiçoamento que não recomende enfaticamente: "Estabeleça objetivos."

Mas interpretamos mal o estabelecimento de objetivos.

Em primeiro lugar, você estabelece objetivos mesmo que nunca os tenha anotado. Deseja ficar atento à sua alimentação, correr 5 quilômetros com menos esforço e se aproximar de seu pai. Mas raramente pensa sobre esses "objetivos". Porém, em algum momento, esses pensamentos passaram pela sua cabeça e você se dedicou a eles. Você estabelece objetivos; poucos seres humanos não o fazem.

Mas o valor do estabelecimento de objetivos não provém apenas dos objetivos, mas do raciocínio usado no planejamento e no conhecimento resultante dele. Estabeleça objetivos com outras pessoas e aprenderá o que valorizam e mais sobre elas, o que o ajudará a tomar decisões melhores e mais inteligentes todos os dias.

Nos negócios, costuma ocorrer o mesmo. O valor do planejamento raramente provém dos objetivos e das estratégias, que mudam tão freqüentemente que a maioria dos planos deveriam ser interpretados como: "O que planejamos fazer até mudarmos de idéia?" O fato de ignorarmos esses planos não importa. O que importa é o que aconteceu quando você os fez: *todos aprenderam*.

Estabeleça objetivos não porque isso o ajudará a alcançá-los, mas porque aprenderá com eles.

Então, quem é você?

Para roubar um antigo slogan da propaganda, sua marca é a verdade sobre você, bem contada.

Como toda empresa, as pessoas têm várias boas histórias que contam quem elas são. Um dom de marketing é descobrir suas histórias — algumas esquecidas, ignoradas ou desprezadas — e contá-las bem.

Essa também é sua tarefa. *Qual é a sua história — a verdadeira?*

Como você pode contá-la melhor?

Talvez precise de ajuda. Uma pessoa de fora ou que o conheça bem pode lhe dar perspectiva.

Comece por aí. Se preciso, obtenha ajuda, mas faça isso.

Descubra sua história e a conte bem.

O que você faz?

A maioria dos grandes investidores de risco faz duas perguntas às empresas que os procuram em busca de dinheiro e ajuda.

A primeira pergunta é simples, mas as respostas freqüentemente não são.

O que você — ou o que quer que esteja vendendo — faz?

Sua resposta também deve ser simples, caso contrário confundirá a pessoa. Se parecer que você faz muitas coisas, ou muitas coisas aparentemente não relacionadas, a pessoa presumirá que não pode fazer nenhuma delas bem.

Faça essa pergunta. Anote sua resposta. Mostre-a para quatro pessoas cuja opinião você valorize. Pergunte-lhes:

É clara?

É simples?

Inspira confiança em que você está suficientemente focado para dominar o que quer que esteja vendendo?

Pergunte e responda: o que você faz?

Pau pra toda obra

No campo da oratória há centenas de personagens, mas você sempre acaba encontrando um Pau pra toda obra.

Pergunte a um Pau pra toda obra qual é sua especialidade. Desenvolvimento de Equipes? Mudança? Criatividade e Inovação? Liderança? Vendas?

Sim, responderá ele: todas as cinco! Além de Motivação, Marketing e quatro outras.

Você poderia se perguntar se está falando com um Erasmus moderno, o último homem conhecido por saber tudo. Também fica confuso porque o Pau pra toda obra aparenta ter uns 40 anos. Mas em apenas 18 de profissão parece ter se tornado especialista em quase tudo, exceto Finanças e Tecnologia da Informação.

Você contrataria o Pau pra toda obra para fazer exatamente o quê?

Nada.

Nunca se lembrará da especialidade dele ou pensará nele se surgir o tema da Liderança, porque o Pau pra toda obra encheu sua memória com uma lista tão longa de habilidades que você não consegue se lembrar de nenhuma delas.

O óbvio, e o pior, é que ele não se definiu como um especialista em nenhum tema.

As pessoas sabem que os Paus pra toda obra são mestres em nada, e elas procuram mestres. Confiam nos especialistas. Tente agradar a milhares de pessoas e não agradará a ninguém.

Encontre um nicho. Mesmo que seu raio de ação seja grande, descubra do que seu indagador precisa e concentre sua mensagem apenas nessa necessidade.

Pergunte: qual é sua especialidade? (E tenha uma.)

Que diferença você faz?

A segunda pergunta para si mesmo, depois de "O que você faz?" parece ilógica, mas é um desafio que você deve enfrentar:

"Por que isso importa?"

Que diferença você — ou o que você está vendendo — faz?

Os profissionais de marketing freqüentemente se referem à necessidade de definir seu "ponto de diferença". Essa linguagem é significativa. Você não deve apenas dizer o que o torna diferente, mas como o que realiza faz diferença para os outros.

Faça essa pergunta. Anote sua resposta. Mostre-a para quatro pessoas cuja opinião você valorize.

Peça-lhes para serem totalmente sinceras em suas opiniões.

Pergunte e responda: Que diferença você — ou o que você está vendendo — faz?

Sua terceira pergunta

Parte da genialidade da Southwest Airlines está em seu líder, Herb Kelleher, fazer constantemente aos funcionários uma terceira pergunta:
Somos uma empresa que nossos concorrentes invejam?
Se não, por que não?
Aplique essa pergunta ao que quer que esteja vendendo e depois a si próprio.
Pergunte: "Se não, por que não? E o que posso fazer para mudar isso?"

Você é invejável? Como pode ser?

A quarta pergunta e o poder dos estereótipos

Nós apresentamos uma campanha de publicidade inovadora para o fabricante de grandes monitores dos computadores da Apple. Até mesmo lhe oferecemos um valor agregado inesperado: um nome novo e criativo para a empresa e seus monitores — uma "tatuagem para o cérebro", como alguns chamam os nomes fortes de marcas.

O cliente ficou fascinado e nos disse isso. Adorou a estratégia, a criatividade, os anúncios, a matéria para publicação e até mesmo nossos sapatos e gravatas.

Nós dirigimos para casa depois da apresentação e telefonamos para a Haskell's Wine & Spirits para pedir duas garrafas de champanhe.

Esperamos pela boa notícia, que nunca veio. Eles fecharam negócio com a BBD&O.

Finalmente nós lhes telefonamos, perplexos.

— Mas vocês adoraram nosso trabalho, disseram que era o melhor.

— E era. O mais estratégico e criativo que vimos.

— Então por que não nos escolheram?

— Bem, é que Harry é advogado. *E os advogados não podem ser criativos.*

As pessoas não pensam; elas estereotipam. Não concluem; classificam. Não calculam; presumem.

Como prova, leia a lista a seguir e faça livres associações, anotando sua primeira reação a cada palavra.

> Mau motorista
> Cavanhaque
> Texano
> Cirurgia plástica facial
> Padre católico

O que acabou de acontecer?

Não se preocupe. *Todos* nós fazemos isso. Mas você está vendo o quão automática e subconscientemente o fazemos?

Todos estereotipam. O conceituado psicólogo William James expressou isso perfeitamente: "A primeira coisa que o intelecto faz com um objeto é classificá-lo junto com outra coisa."

É fácil ver por que fazemos isso. Por conveniência e sobrevivência, nossos cérebros evoluíram e passaram a organizar dados segundo padrões aparentes. Por exemplo, nós aprendemos a associar preto com morte e formalidade. Nós estereotipamos — imediatamente.

Isso não é raciocínio, mas um substituto mais fácil. Você não pode realmente estudar uma pessoa na tentativa de entendê-la sem se esforçar muito. A maioria de nós nunca se dá a esse trabalho, em parte porque não temos certeza de que chegaremos à conclusão certa mesmo depois desse cuidadoso estudo.

Os estereótipos não são precisos, mas ajudam. Afinal de contas, nosso tempo é curto.

É por isso que os americanos perguntam imediatamente às pessoas que acabam de conhecer: "Qual é sua profissão?" A resposta nos leva a classificar a pessoa. Contador? Rígido. Advogado? Arrogante. Engenheiro? Analítico. Escritor? Não-conformista. Nossa mente pinta rapidamente um quadro que não nos deixa ver a pessoa única por trás dele.

Quando lhes foram mostradas fitas de um "professor de estatística" e de um "professor de psicologia humanística", um grupo de alunos de Harvard de Nalini Ambady achou o primeiro homem "frio, distante e tenso", enquanto o segundo grupo achou-o "humanista" cordial e muito preocupado com os alunos. *Eles eram o mesmo homem.*

Nas agências de publicidade, um bom profissional de marketing nunca pergunta somente: "Qual é

sua posição atual no mercado?" Essa é uma pergunta vital, mas não a única a fazer imediatamente.
A segunda pergunta-chave é: "Como as empresas e pessoas em seu ramo são vistas?"
Qual é o estereótipo?
Pergunte isso em relação a você também.

Antes de tentar realizar qualquer venda, pergunte: como essa pessoa tenderá a me estereotipar?

O que procurar

Que situações profissionais o deixam desconfortável?
Anote-as.
Qual é seu sentimento?
Onde e há quanto tempo ele começou?
Com quem você pode falar sobre isso para tentar superá-lo?
As situações profissionais que o deixam desconfortável são as em que você está mais fraco e vulnerável. Nesses momentos comete seus maiores erros, aqueles que prejudicam seu desempenho e o impedem de se sentir melhor.
Corrija-os e sua vida decolará.
Esse conselho não é o mais fácil de ouvir e seguir. Mas é exatamente por isso que o levará a um lugar especial — porque a maioria das pessoas o ouvem, ignoram, repetem seus erros, sofrem em silêncio e se tornam contidas.

Não seja como elas. Pratique esse exercício todas as semanas. Assim como o levantamento de pesos, será penoso. Mas pratique e se fortalecerá.

Quando você chegar a um ponto em que tenha ido o mais longe possível, encontre alguém que o empurre pelo resto do caminho — o equivalente ao companheiro de exercícios em quem a maioria dos atletas se fia para maximizar seu desempenho.

Para realmente ter sucesso, descubra o que o deixa desconfortável.

Trabalhe os pontos fracos

Visite uma área para treinar golfe em uma tarde e verá a natureza humana em ação.

Verá uma dúzia de pessoas dando tacadas melhores do que dariam em um campo de golfe. Todas lhe dirão que se fossem tão boas no campo reduziriam sete tacadas de seus handicaps.

As pessoas também acham que sabem qual é a explicação para isso. Sentem-se mais relaxadas quando não há nada em jogo. Contudo, se você as puser em um campo de golfe com um cartão de marcação no bolso, elas ficarão com os nós dos dedos brancos e a bola voará para qualquer lugar, menos para a frente.

A tensão e a ansiedade explicam algumas más tacadas por rodada. Contudo, a explicação para aquelas outras sete ou oito tacadas é simples. Na verdade, está bem na mão dos jogadores.

Eles treinam com seus tacos favoritos.

Se um golfista joga melhor com um taco de ferro nº 7 do que com outros tipos de taco, é exatamente esse que segura. (Exceto quando é seu *driver*, porque todo golfista deseja atingir as maiores distâncias.)

No golfe, como na vida, treinamos para melhorar nossos pontos fortes, mas ignoramos nossos pontos fracos.

Dá para perceber o quanto isso é inútil. Você só pode melhorar um pouco seus pontos fortes, se é que pode. E mesmo se fizer isso, há uma boa chance de que ninguém note: pequenas melhoras são difíceis de notar. O que as pessoas realmente notam são seus pontos fracos; se você puder melhorá-los, sua melhora poderá ser impressionante e visível para todos.

Encontre e trabalhe seus pontos fracos.

Seja grato pelos seus pontos fortes, mas trabalhe seus pontos fracos.

Conclusões precipitadas

A solução parecia óbvia para o pessoal de criação da agência.

Seu cliente operava em um setor dominado por mulheres (61%), cujos possíveis clientes também eram predominantemente mulheres (63%): medicina veterinária.

Sabendo que as mulheres dominavam os dois lados da mesa — o da medicina e o da propriedade de animais de estimação — a agência decidiu que o nome que recomendassem deveria agradá-las.

Centenas de nomes foram cogitados e selecionados em uma lista final de 12. Então os pesquisadores os testaram, formal e informalmente, para ver a reação das pessoas.

Quanto mais feminino era o nome, mais negativa era a resposta — *das mulheres!* Na verdade, os homens reagiram melhor, mas não positivamente.

Cor-de-rosa, roxo, tudo o que tinha a ver com flores: as mulheres detestaram esses nomes. Mas é claro, pensou o pessoal da agência: as mulheres detestam cor-de-rosa, roxo e flores. Mas espere, elas não detestam.

Assim como você poderia presumir que esse serviço envolveu moda, perfume ou cosméticos, eles também presumiram algo errado.

Nós tiramos conclusões tão rapidamente quanto julgamos. Sentimo-nos confiantes em nossas suposições, mas, com freqüência, descobrimos que estamos errados.

Felizmente, a empresa havia criado mecanismos de segurança contra essas suposições. Contava com outras coisas — painéis e grupos — para ter perspectivas completas de como as pessoas pensam e reagem a determinadas palavras.

Você pode estar menos protegido contra esses erros, mas só se escolher estar. Também pode e deve

consultar os outros. Procure uma segunda, uma terceira e uma quarta opinião.
Não presuma: *pergunte*. Esta frase funciona? Pergunte a seis pessoas.
Isto faz sentido? Pergunte a mais seis.
Eu deveria usar isto na reunião com o subcontratante? Pergunte.
Você se fortalecerá com esses números. Quanto mais pessoas puderem ajudá-lo em seus desafios, maiores as suas chances de superá-los.
As pessoas podem contestar suas suposições e, com isso, levá-lo a decisões melhores.

Não presuma. Pergunte.

Mentor — ou mentores?

O pensamento convencional um dia foi o de que você precisava de um mentor.

Contudo, essa conclusão demonstrou basear-se em um erro típico. As fontes desse pensamento confundiam coincidência com causa.

Sem dúvida, muitas pessoas bem-sucedidas tiveram mentores. (Muitas não tiveram, algo que essas discussões sempre deixam de lado). Mas saber que as bem-sucedidas tiveram mentores não prova que alcançaram o sucesso por causa deles. Ao que nos consta, poderiam tê-lo feito a despeito deles.

O motivo pelo qual muitas pessoas bem-sucedidas tiveram mentores é que aquelas destinadas ao sucesso atraem todo tipo de gente, inclusive mentores. Atraem mentores, fãs, seguidores e até mesmo cães e gatos.

Portanto, o modo de atrair um mentor é apresentar as características que de qualquer modo levam ao sucesso. Um mentor o levará ao sucesso? Provavelmente não. Ele o ajudará de alguma pequena forma? Provavelmente.

Não procure um mentor. Em vez disso, concentre-se em fazer as coisas que podem atrair pessoas, inclusive mentores. Se você encontrar um mentor, certifique-se de que não será o único. Os mentores são pessoas e, portanto, sujeitos a erros. Até mesmo médicos talentosos erram diagnósticos. Felizmente, em muitos desses casos, os pacientes procuram uma segunda ou terceira opinião.

Você também deveria procurar.

Ter um mentor é extremamente valorizado; ter vários mentores não.

A chave para o sucesso

Muitos especialistas em arquitetura, assim como fãs, consideram Frank Lloyd Wright o maior arquiteto moderno do mundo. Contudo, ele se esforçou muito.

A figura do mito Ícaro também era brilhante. Ele fabricava asas, colava-as com cera e voava para o céu. Como Wright, Ícaro não foi humilde. Achando que poderia voar entre os deuses, aproximou-se demais do Sol e pereceu quando suas asas derreteram.

O General George Patton era igualmente brilhante — como gostava muito de lembrar àqueles que sugeriam que poderia haver outro modo de ganhar a Segunda Guerra Mundial.

Você encontra pessoas assim em toda parte, o que leva à pergunta: os pontos fortes são a chave para o sucesso?

Apenas em parte. Seus pontos fortes só levam você até onde seus pontos fracos o deixam ir.

Em todos os lugares você vê pessoas que poderiam ser muito bem-sucedidas, e então acrescenta as três palavras mágicas: *Se ao menos*.

Se ao menos ele prestasse mais atenção. Se ao menos conseguisse controlar o mau gênio. Se ao menos não participasse de intrigas políticas. Se ao menos consertasse os dentes ou abandonasse aquele mau hábito de...

Se ao menos.

Um patrão corajoso e bem-sucedido — devido à modéstia dele nós o chamaremos de Andrew — ajudou a construir uma empresa especialmente bem-sucedida porque era mestre em confrontar *Se ao menos*. Anualmente, e em alguns anos com mais freqüência, ele contratava outro "futuro astro" entre centenas de ótimos candidatos. Sendo simplesmente humano, cada candidato sofria de um *Se ao menos*. Felizmente, esses jovens talentosos tinham algo mais.

Eles tinham Andrew.

Andrew combinava coragem pessoal com uma convicção de que seu papel era garantir que "futuros astros" se tornassem, realmente, astros, dentro ou fora de sua empresa. Antes do *Se ao menos* limitá-los profissionalmente, Andrew chamava os astros em seu escritório.

Você está destinado a grandes coisas, mas deve trabalhar nisso, dizia-lhes. Essa reunião de cúpula era conhecida como visita anual.

Andrew é especial, um desses raros homens que pode responder à inevitável pergunta de sua mulher, "Este vestido me faz parecer gorda?", com uma resposta sincera, bem recebida e útil.

Todo mundo precisa de um Andrew.

Encontre seu Andrew.

Busque o amor firme

É confortador ouvir que você está se saindo muito bem.

Contudo, isso não o ajuda.

— Você não adora esses efeitos que se pode criar com PowerPoint — pergunta você a uma colega. Ela poderia responder "não"?

Nunca. Essa é a natureza humana.

É tentador buscar elogios, mas é melhor pedir críticas. Contudo, você só as receberá se souber pedi-las.

Felizmente, a experiência dos profissionais de marketing pode ajudá-lo.

Eles se depararam com o mesmo problema. Apesar de tudo que você possa pensar e do quão freqüentemente se frustra com os serviços que lhe são prestados, raramente se queixa para as empresas. Por isso, quase todos em todas as empresas — assim como você — presumem que estão prestando bons serviços porque ouvem muito poucas queixas.

As queixas não são feitas voluntariamente.

Você não receberá "críticas construtivas" se perguntar a alguém, como as empresas que realizam pesquisas freqüentemente perguntam: "O que estamos fazendo de errado?"

Essa pergunta é um convite a duras críticas. Como a maioria das pessoas detestam ser criticadas e se afligem quando o são, evitam respondê-la.

Contudo, os seres humanos dão prontamente conselhos; muitos sem que lhes peçam, e quase todos se sentem lisonjeados quando lhes são pedidos. Mas como fazer com que os dêem?

Não pergunte: "O que eu estou fazendo de errado?"

Pergunte: "O que eu poderia fazer para ser ainda mais eficaz?"

Como uma variação disso, fraseie sua pergunta: "Eu acho que isso poderia dar certo, mas valorizo sua opinião. O que poderia dar ainda mais certo?"

Para obter a ajuda certa, faça as perguntas certas.

Cultive uma imagem

Em um comercial bem conhecido, o tenista André Agassi certa vez disse que "A imagem é tudo".

No mesmo ano, um possível cliente nos pediu para ajudá-lo a cultivar uma imagem. Nós lhe fizemos uma pergunta sobre posicionamento: "O que torna você único em seu setor?"

"Classe. Eu tenho classe", respondeu ele.

Esse comentário pareceu auto-anulador. Uma pessoa "de classe" diria isso?

Ele queria que nós o ajudássemos a cultivar uma imagem.

Você não pode fazer isso.

A pessoa por trás do verniz surge com o tempo, se não imediatamente. Quando surge, os outros não mais a conhecem por sua imagem ou essência. Eles a vêem como alguém que tentou enganá-los.

Isso foi tentado muitas vezes.

Curiosamente, Agassi percebeu a insensatez de suas palavras. Depois de anos, mudou seu corte de cabelo *mullet*, deixou de usar roupas que brilhavam à luz negra e se casou com Steffi Graf, uma mulher cujo estilo e rosto sem maquilagem sugeria desinteresse pela imagem. Ele se dedicou à caridade e à humildade, subitamente tão aberto ao mundo quanto o alto de sua cabeça, agora careca.

Nosso possível cliente passou por uma transformação desse tipo? Parece que sim. Dois anos atrás nós o encontramos em um clube de saúde. Seu antigo verniz havia desaparecido. Você sentia que o estava ouvindo e não apenas ouvindo frases de efeito cuidadosamente escolhidas. Ele parecia ter encontrado a humildade. Mas àquela altura estava com 45 anos; demorou muito para fazer isso e seu rastro de fracassos profissionais foi um dos preços que teve de pagar.

Proteja-se.

As pessoas decidem e depois pensam

As pessoas raramente tomam decisões após longa reflexão. Podem demorar semanas para anunciar uma decisão, mas muitas vezes a tomam em minutos, até mesmo segundos. Freqüentemente reúnem dados não para tomá-la, mas para *justificá-la*. Não acumulam conhecimentos; buscam conforto e apoio.

Ocorre que a maioria das decisões são tomadas e depois justificadas, não o contrário.

Uma implicação óbvia, "a primeira impressão é a que fica", atenua o caso real. Com alarmante freqüência, a primeira impressão também é a final.

A primeira coisa a planejar é a primeira impressão que você causará.

As pessoas compram você com os olhos

Em vendas e marketing, vemos repetidamente uma forte influência: *as imagens superam as palavras*. Ao expressarmos isso aos clientes, com freqüência, usamos as frases "as pessoas pensam com os olhos" e "as pessoas ouvem o que vêem".

Um claro exemplo disso foi a apresentação de um comercial para um grupo de pequenos empresários. O comercial salientava três vezes o ponto de diferença do banco: o banco tinha as informações de que as pessoas precisavam para tomar decisões financeiras melhores. Para ilustrar como as pessoas usam informações para tomar boas decisões, mostrava um alpinista preparando-se para escalar o Everest — estudando mapas e a temperatura — antes de iniciar a subida. Mas as pessoas que assistiram ao comercial não ouviram nenhuma palavra "informativa", apesar do fato de que essas palavras foram repetidas três vezes em trinta segundos.

Quando lhes perguntaram o que o comercial comunicava, elas responderam: "Força. O banco comunica que é forte."

Os criadores do comercial ficaram pasmados. Não só não haviam pretendido comunicar "força" como *não sabiam que poderiam tê-lo feito*.

De onde as pessoas tiraram aquela idéia? De uma imagem que ficou na tela por menos de quatro segundos: a de um homem escalando.

Uma imagem, três segundos: a imagem superou as palavras.

Nós pensamos com os olhos.

Preste muita atenção à sua imagem.

Sua embalagem

Para muitas pessoas, as idéias dele eram péssimas.

O homem era John Molloy, e essas idéias foram expressas em um livro cujo título se tornou parte do vocabulário americano: *Dress for Success*.[1]

Muitos se revoltavam só de pensar nisso. Vestir-se para o sucesso parecia manipulador e lembrava as idéias de pessoas como Michael Korda, que aconselhava os executivos a se certificarem de que as cadeiras de seus escritórios eram mais altas do que as outras, para que eles parecessem superiores.

Mas a recomendação de Molloy não era mais manipuladora do que a que um pássaro poderia fazer a outro cuja aparência o tornasse alvo constante de ataques de outras aves: a velha plumagem tem seu efeito — nos pássaros e nas pessoas.

Molloy não recomendava esperteza e manipulação. Refletia sua convicção de que o sucesso na vida, como as maneiras simples, começa com a atenção

---

[1] Vista-se para o sucesso (tradução livre). (*N. da T.*)

às outras pessoas e a sensibilidade ao impacto que temos nelas. Molloy não aconselhava os homens a usar relógios de ouro maciço para aparentar riqueza. Com maior freqüência, aconselhava o oposto: abrande os fatos, não exagere.

Mesmo sabendo disso, muitas pessoas ainda são contra a idéia de se apurar no vestir. "Quero ser eu mesmo", "faço o que quero" e, muitas vezes, "não quero lidar com pessoas que se impressionam com coisas como roupas e aparência".

Repense essas palavras. O que claramente sugerem? Que a pessoa vem em primeiro lugar. Você quer trabalhar com ela? Quer essa pessoa como funcionária, prestadora de serviços ou amiga?

Nessa época a América estava entrando na Era do Narcisismo, como um filósofo certa vez a chamou. O slogan "preste atenção em si mesmo" estava presente em adesivos de pára-choques e camisetas. Nesse meio, era fácil ridicularizar Molloy como outro defensor da auto-absorção e auto-adoração. Mas Molloy não sugeria que você olhasse para dentro. Dizia para olhar para *fora*.

Que impacto você causa nas pessoas? Você está se sabotando sem saber? Perdendo a batalha antes mesmo de ela começar?

Molloy falava basicamente sobre demonstrar boas maneiras. Dizia: "Tenha cuidado."

O cuidado começa quando você abre seu armário.

Imagens e estereótipos

A maioria dos cinéfilos concorda em que o final de *Os suspeitos* é um dos melhores da história do cinema.

Como muitos outros grandes finais, é surpreendente.

O final está ligado a um exemplo clássico de direção errada. O arquiteto dessa trama — tanto para o interrogador da polícia quanto para o espectador — é representado pelo ator Kevin Spacey. Spacey faz o papel de um homem aleijado e lerdo. Ele foi envolvido em roubo, explosão e múltiplos assassinatos que envolveram quatro vigaristas — homens fortes e espertos que não têm nada a ver com Spacey, o peixe fora d'água nesse grupo de cinco pessoas.

Perto do final do filme, Spacey, aparentemente devido à sua inteligência limitada e a uma equipe de interrogadores experientes, revela imprudentemente os detalhes do crime.

Spacey diz que um tal de Keyser Söze planejou o crime. Menciona pequenos detalhes, inclusive um quarteto musical em Skokie, Illinois. Após ouvir esses detalhes, o interrogador lhe oferece proteção contra Söze, que irá atrás de Spacey se ele contar essa história no tribunal. Space recusa, insiste em que não é um rato e acaba saindo da sala para a rua.

O interrogador, representado por Chazz Palminteri, reflete sobre a história que desvendou.

Então *ela* se desvenda.

Palminteri olha para o quadro de avisos às suas costas, diante do qual Spacey ficou durante todo o interrogatório. Vê a palavra "Quarteto", o nome do fabricante do quadro, na parte inferior da moldura. Abaixo, mais duas palavras.

"Skokie, Illinois."

Rapidamente, vê mais uma dúzia de outras palavras no quadro e percebe que Spacey havia construído toda a sua história com aquelas palavras. Ele o enganara.

A câmera focaliza a rua e dá um close na perna de Spacey, cuja claudicação é rapidamente substituída por um andar confiante. Spacey entra em um carro e foge.

O espectador e o interrogador ficam convencidos de que Spacey é apenas um ingênuo nesse grande esquema, não devido ao seu jeito, mas ao poder de uma imagem nítida: sua claudicação pronunciada. Nós concluímos que Spacey deve ser intelectual e emocionalmente deficiente porque é deficiente fisicamente. Aceitamos esse estereótipo com tanta facilidade que não o percebemos ou, mais tarde, questionamos nossos estereótipos a respeito das pessoas deficientes: a crença em que uma incapacidade evidencia outras.

É claro que o oposto também é verdadeiro, motivo pelo qual escolhemos pistas visuais — pastas e ternos sóbrios — que nos fazem parecer competentes. Como nos lembra *Os suspeitos*, as pistas visuais funcionam. Podem até mesmo convencer um detetive experiente de que um homem astuto é estúpido.

Preste atenção às suas pistas visuais para se enquadrar nos estereótipos certos.

Mude de embalagem para contradizer seu estereótipo

O primeiro obstáculo que você deve superar não é a concorrência, mas a visão das pessoas a seu respeito.

Antes de se apresentar, seja qual for seu objetivo, pergunte-se no dia anterior: "O que elas sabem sobre mim?"

"Que impressões formaram pelo pouco que já sabem?"

Depois se pergunte: "Minha aparência reforça esse estereótipo?"

Se a resposta for sim, mude de embalagem para contradizê-lo. Um artista em um terno bem cortado, um presidente dos Estados Unidos usando cardigã (um tentou isso), um engenheiro com uma tatuagem. Essas não são necessariamente as melhores reações em uma determinada situação, mas são exemplos de modos de combater um estereótipo.

Um diretor de publicidade era muito bem-sucedido não só porque tinha boas idéias para seus clientes como também porque sabia vendê-las. Após vários meses, notamos um truque que ele usava e admitiu parecer funcionar.

"Se nossa campanha parece conservadora, eu me visto mais criativamente para dar a impressão de que podemos arriscar, embora tenhamos decidido não fazê-lo." Ele usava a estratégia oposta quando seu grupo desenvolvia uma abordagem de risco: usava seu terno mais escuro, sapatos de amarrar pretos e a gravata que você escolheria para ir ao banco pedir um empréstimo.

Um benefício que muitos profissionais obtiveram do *Casual Friday*[2] foi que muitos novos clientes começaram a achá-los mais descontraídos e acessíveis.

Contudo, outra agência de propaganda se beneficiou com uma abordagem diferente. Eles só se apuravam no vestir às sextas-feiras. "Nós não éramos nada informais aqui", disseram. "Só nos vestimos assim de segunda a quinta-feira pelo mesmo motivo dos operários da construção civil. Nós trabalhamos muito."

Para vencer um estereótipo, vista-se de modo a contradizê-lo.

Invista em você

Se você perguntar a um consultor que trabalha para pequenas empresas, "Qual é o maior erro que você as vê cometer?", obterá uma resposta importante.

Na lista dos três principais erros — e freqüentemente no topo — há um estarrecedor:

"Elas não investem o suficiente."

---

[2] Sexta-feira em que os funcionários trabalham vestidos mais informalmente. Atualmente, esse dia pode ser qualquer outro da semana. (*N. da T.*)

Por isso, sua execução parece incompleta. Elas parecem hesitar, como se temessem que sua idéia fosse falha e não tivessem confiança para empatar dinheiro nela.

Como a todos os negócios, essa lição se aplica aos de uma pessoa só. Pense no exemplo de Christine, apresentado a seguir.

Em 1997, a Schering Oncology/Biotech adquiriu mais de 50.000 cópias de nosso vídeo de exercícios do Cancer Club, destinado a mulheres em recuperação de câncer de mama.

Com esse sucesso, percebemos que a Bristol-Myers Squibb representava outro grande possível cliente. Eles haviam contratado Lance Armstrong como porta-voz e eu já tinha sido orador em vários eventos patrocinados pela Bristol.

Entrei em contato com o representante de vendas local da Bristol, que por sua vez me encaminhou para seu gerente regional. Três semanas depois, ótimas notícias: o gerente regional havia ficado interessado em nossa oferta e enviado a informação para a Corporate.

Rebecca, na Corporate, também ficou interessada, tanto que telefonou para me dizer: "Venha a New Jersey. Quero que você conheça todo o nosso departamento de marketing. Acho que deveríamos fazer negócios."

Aquilo soou como: "Você ganhou na loteria."

Dez dias depois aterrissei no Newark Airport. Sendo frugal e sabendo que a viagem era totalmente à minha custa, decidi alugar um carro.

Então os problemas começaram.

Minhas malas estavam tão pesadas com os produtos do Cancer Club que demorei o que pareceu uma eternidade para tirá-las da esteira de bagagens para o carrinho. Como eram enormes, não pude subir com elas pela escada rolante até a locadora de veículos e tive de ir de elevador.

Infelizmente, o único elevador que levava ao andar da locadora estava em manutenção. Acabei tendo de arrastar as malas escada acima e...

Dá para imaginar a cena — exceto a parte em que eu estava tão ansioso quando finalmente coloquei tudo no carro e saí do aeroporto que, durante 15 minutos, segui na direção oposta a Princeton.

Cheguei ao complexo da Bristol parecendo que tinha acabado de correr uma maratona de 10 quilômetros. Finalmente estou aqui, pensei, até olhar para os quatro grandes prédios à minha frente. Qual deles era o de Rebecca? Meu mapa não dizia.

Dirigi-me ao Prédio Um. Ao chegar lá, a recepcionista me disse que eu deveria ir para o Prédio Quatro.

Telefonei para Rebecca para explicar minha situação. Fui atendido pelo correio de voz.

Quando finalmente cheguei ao Prédio Quatro, a recepcionista me entregou o telefone. Era Rebecca. Como eu não tinha aparecido, ela e sua equipe de marketing almoçaram e esperaram o máximo que puderam; tinham outras reuniões.

Fim da oportunidade. Ninguém quer se arriscar a trabalhar com alguém que chega 75 minutos atrasado para uma reunião. Se eu houvesse contratado um serviço de transporte executivo teria chegado a Princeton 10 minutos antes da reunião. Em vez

disso, preferi economizar 115 dólares e perdi uma oportunidade de ganhar 125 mil dólares.
Você tem de investir. Seus investimentos, tanto de tempo quanto de dinheiro, demonstram sua confiança no que faz. Os preços premium que paga são literalmente prêmios — seu seguro de sucesso.
Eu me esqueci disso uma vez. Nunca me esquecerei de novo.

Pague mais agora e receba mais depois.

Truques e caminhos mais curtos

Não existem.

O pensamento fora da caixa

"Nós precisamos pensar fora da caixa."
Não, não precisam.
Isso é ouvido a cada minuto em algum lugar do mundo. Mas a mensagem não funciona.

Eis o motivo, e o que você deve fazer em vez disso.

Sua caixa — seu modo de pensar, trabalhar e viver — tem funcionado para você. É a caixa em que nasceu, um produto de seu DNA. Você pode mudá-la tão facilmente quanto pode mudar a forma de sua cabeça.

Você é metódico ou inconstante, lateral ou linear, tende à introspecção ou à extroversão. Mas desde o nascimento é quem é. Essa é uma caixa bastante boa. O mais importante é que é sua — a caixa na qual sempre operou.

Não tente pensar fora de sua caixa. É muito difícil. Em vez disso, expanda-a.

Como ótima inspiração e um exemplo, pense na história do cantor Paul Simon.

Simon compôs algumas canções clássicas do século passado, inclusive um álbum que se tornou a trilha sonora de toda uma geração: *Bookends*. Milhões de pessoas o compraram e milhões de outras ouviram suas canções na trilha sonora do clássico do cinema *A primeira noite de um homem*.

Simon floresceu dentro de sua caixa. Ela estava cheia da cultura da América rebelde dos anos 1960, dividida entre correr atrás de garotas em uma praia da Califórnia e protestar contra a Guerra do Vietnã.

Simon floresceu dentro de sua caixa — e então parou de fazer isso. Permaneceu ali e a caixa que o tinha ajudado a produzir clássicos começou a produzir insignificâncias como *Kodachrome*. ("Simon deveria ser preso por essa canção", disse certa vez um fã.) A caixa de Simon o aprisionou.

Simon resolveu esse problema, mas não mudando seu modo de pensar. Ele mudou sua caixa colocando coisas novas nela. Para encontrá-las, foi para o outro lado do mundo; voou para a África. Lá sua caixa mudou com o que sentiu e viu. Como ele escreveu em uma canção, viu "anjos na arquitetura, rodopiando no infinito".

A África e suas imagens e sons surpreenderam, comoveram e dominaram Simon. Com a cabeça fervilhando com essas novas influências e inspirado pelo grupo africano Ladysmith Black Mambazo, compôs *You Can Call Me Al* e um álbum musical realmente criativo, *Graceland*.

Simon não pensou fora de sua caixa; poucas pessoas podem fazer isso. Ele a expandiu. Trouxe para ela coisas novas, estudou culturas diferentes e ouviu música africana, em vez de a sua própria.

Com isso, transformou-se e floresceu.

Para ser mais criativo — sempre uma boa idéia — não tente pensar fora de sua caixa. Em vez disso, expanda-a. Coloque coisas novas nela.

Se você lê *Vanity Fair*, leia *In-Fisherman*. Se lê Tattoo, leia *Architectural Digest*. Se lê *People*, leia *The New Yorker*. Se vai ao cinema, assista a uma corrida de carros da Nascar (principalmente por seu imenso charme). Se nunca sonhou em assistir a um balé, ouvir *bluegrass* ou ir a uma feira agrícola, *faça isso*.

Renove sua caixa. Compre um casaco esportivo cor de laranja e um par de sapatos de camurça vermelhos e veja o que muda.

Amplie sua caixa.

Recompensas da educação esquecidas

Qualquer um que observe alunos do ensino médio terá uma visão comum da educação: nós nos educamos para nos preparar para nossas carreiras.

Com algumas exceções, essa visão se transforma na de que as aulas devem ser "relevantes" e que se nós estamos nos preparando para uma carreira de negócios devemos nos especializar nela. Se isso não é possível, devemos fazer cursos "práticos".

Mas nós temos uma visão muito estreita da educação e nos esquecemos de uma de suas recompensas.

Para ilustrar essa miopia, pense no aluno do último ano da escola secundária que decide se especializar em negócios. "Por que aprender sobre história americana, engenharia civil ou agronomia?", poderia ele se perguntar.

Ele decide não aprender nada sobre essas matérias. Então se aventura no Mundo Real. Em apenas um ano, conhece um fã de história (o Sul, graças à Guerra Civil, está cheio deles), um engenheiro civil e o responsável pela manutenção de um campo de golfe local.

Como o jovem conversa com essas três pessoas? Encontrando um ponto em comum. Se ele tivesse um pingo de conhecimento — sobre Antietam ou o erro crasso de Lee em Gettysburg, o papel do óxido nitroso na poluição do ar em Atlanta ou por que os gramados mais verdes na verdade estão incluídos entre os menos saudáveis, poderia iniciar uma conversa e depois desenvolvê-la.

Se esse jovem só puder falar sobre sua esfera de atuação, continuará preso a ela.

A educação faz mais do que nos preparar para carreiras e expandir nossas mentes. Amplia nosso mundo — o número de pessoas com as quais podemos nos relacionar. Como cobre muitas áreas, ajuda-nos a descobrir mais pontos em comum com as pessoas que conhecemos.

Quanto mais você aprende, com mais pessoas pode conversar. Toda educação é relevante, prática e nos ajuda a crescer.

Continue lendo, ouvindo e aprendendo.

Leve este livro para Santiago

Onze mil quilômetros ao sul de Los Angeles, em um lugar mais perto do Pólo Sul do que da América do Norte, encontra-se a bela capital do Chile, Santiago.

Um viajante, intrigado com como essa cidade é diferente das de sua cidade natal, pode se aventurar no maior shopping center e aprender uma grande lição.

Ele *está* em sua cidade natal. Há a Revlon, Tommy Hilfiger, L'Oreal, Orange Julius. Onde estão os produtos chilenos? Onde está a Abercrombie & Fitch da América do Sul? Em lugar algum.

Por isso, hoje os viajantes experimentam algo estranho. Podem visitar uma dúzia de países sem sair do mesmo shopping.

Aventure-se na Cidade Proibida, em Pequim, santificada há séculos pelos chineses, dobre uma esquina e ficará pasmado. Lá, bem no centro desse lugar sagrado, há um monumento:

Starbucks.

Está certo, você encontra diferenças culturais. O islamismo ainda influencia até mesmo as mulheres e os homens muçulmanos mais ocidentalizados na Índia. Jante com alguns que dirigem carros alemães e usam ternos italianos e notará essa influência: ninguém pede carne ou bebidas alcoólicas. Mas olhe para o jornal *The Hindustan* e se sentirá em casa. A notícia dominante não está apenas na capa, mas também nos cadernos de Negócios, Estilo, Entretenimento e Esportes. É sobre o "Grande Jogo" (críquete — Índia *versus* Paquistão).

Esportes nos cadernos de Estilo e Entretenimento? É claro! O que as pessoas usam nos jogos? E, o que é mais importante, quem os principais diretores, atores e atrizes da Índia acham que vencerá? Quem é considerado o jogador mais sexy em cada equipe? Para mostrar o quanto a Índia pode parecer "americana", as pessoas inventaram uma palavra para a área de Bombaim onde são feitos a maioria dos filmes indianos: Bollywood.

As pessoas são muito parecidas em todos os lugares para onde viajamos. Em *Human Universals*, Donald Brown relacionou as características humanas que havia descoberto em cada cultura. Sua lista preencheu 44 páginas e incluiu mais de 150 características comuns, inclusive canto, dança, contar piadas, recato sexual, busca de vingança, etiqueta, preferência por rostos com traços "proporcionais" e até mesmo medo de cobras.

Este livro se aplica aonde quer você vá? Sim.

Contudo, fique atento às diferenças locais. Por exemplo, ao cumprimentar pela primeira vez uma mulher no Chile, deve lhe dar imediatamente um beijo em cada lado do rosto, caso contrário poderá ofendê-la. Mas tente fazer isso na China e se verá beijando o ar e depois retrocedendo e olhando para uma mulher assustada. O rosto dela lhe dirá que não tinha a menor idéia do que você pretendia fazer e espera que não tente fazer isso de novo.

Mas, embora os gestos e as nuances mudem, os desejos e as necessidades são universais. Nós queremos ser apreciados e respeitados, e retribuímos quando o somos.

Ponha essas lições em prática em toda parte.

Motos, Apple e
"A Roupa Íntima do Autor":
Comunicações

Como mudar

Durante milhares de anos, as pessoas conduziram a vida e os negócios face a face.
A expressão "face a face" é importante aqui. Houve um tempo em que lidávamos com os outros não apenas pessoalmente, mas face a face; trabalhávamos em escritórios em que nos víamos amiúde e nos encontrávamos pelo menos uma vez por semana. Os clientes tendiam a estar a uma distância que podia ser percorrida a pé ou de carro e usávamos aviões para ir ao encontro dos que estavam mais longe. Fazíamos até mesmo transações comerciais pelo telefone, quando nossa presença era importante: uma voz confiável, por definição, transmite e reforça a confiança.
Naquele tempo, a presença física era muito importante. O poder de uma boa impressão visual era tanto que um estudo mostrou que cada centímetro da altura de um homem valia quase 1.000 dólares por ano em salário.
Ela ainda é importante. Mas hoje o e-mail, o avião e a globalização provocaram uma mudança. Uma parte maior de nossas comunicações é escrita e enviada por centenas de quilômetros. Por isso, a escrita confiável começou a substituir a importância da presença física confiável.
Pergunte a diretores de recursos humanos e executivos de grandes empresas qual é a habilidade mais importante nos negócios hoje em dia. Eles responderão: "A habilidade para se comunicar."

O encontro face a face nos permitia agir e interagir, perguntar e responder. No final da reunião, as partes tipicamente obtinham algo que se aproximava da clareza. Com o e-mail, a clareza se tornou mais importante porque o tempo se tornou mais valioso — principalmente devido ao encolhimento dos staffs.

A ambigüidade é cara. Obriga-nos a ir para a frente e para trás, freqüentemente várias vezes, para deixar clara nossa intenção e dar o próximo passo. Por isso, o comunicador ambíguo representa um ônus.

Cada vez mais, o poder provém das palavras do comunicador, e as palavras mais poderosas são as expressas sucinta e claramente. Quem consegue se expressar com palavras que não podem ser mal interpretadas tem mais poder e mais valor.

Portanto, há uma visível mudança em Power Tie[3] e Power Breakfast[4]. Na verdade, um sinal de mudança é que esses termos parecem ter desaparecido. Cada vez mais, vivemos na era de Power Note, Power Memo e Power Proposal.

O futuro pertence aos Comunicadores.

---

[3] Gravata de um homem conservador que visa transmitir influência ou poder. (*N. da T.*)
[4] Café-da-manhã de negócios. (*N. da T.*)

Como se vender para quem está sobrecarregado

Você está tentando se vender para pessoas que se sentem sobrecarregadas.

Para avaliar isso, tente comprar, por exemplo, pasta de dente. Se decidiu mudar de marca, como espera encontrar uma substituta? Em uma loja-alvo típica, encontrará mais de sessenta opções, inclusive pastas com branqueadores, bicarbonato de sódio, antitártaro, purificadoras do hálito, em tubo ou outras embalagens e de uma dúzia de marcas diferentes. Nos países em desenvolvimento, os pesquisadores descobriram que essa quantidade de produtos era uma das cinco maiores preocupações das pessoas.

Nós nos *sentimos* sobrecarregados. Nossos aparelhos de DVD têm mais funções do que podemos aprender. Quando algo dá errado, poucos de nós sabem o que fazer.

Nós *estamos* sobrecarregados. Todos com quem você lida também estão. Seja o que for que quiser comunicar às pessoas, aprenda a fazê-lo simplesmente.

Simplifique e esclareça.

A *verdadeira* primeira regra da comunicação

Um importante documento do governo certa vez custou ao país 100 milhões de dólares porque seu autor usou um ponto-e-vírgula em vez de uma vírgula.

Esse documento pareceu bastante claro para o autor — assim como todas as nossas comunicações parecem. Nenhum de nós envia um documento que acredita não estar claro. Contudo, todos os dias recebemos documentos que não estão.

Quando nós nos comunicamos, presumimos que a primeira regra é: "Comunique-se de modo a ser entendido." Mas não é.

A primeira regra é: *Comunique-se de modo a não poder ser mal entendido.*

Quando você analisa ótimos relacionamentos de negócios, logo percebe que a clareza ocupa um lugar de destaque na lista — entre as seis ou nove influências-chave mais importantes.

Clareza inspira confiança. Nós nos preocupamos com o oposto: tememos que as pessoas que não entendemos possam estar escondendo algo. Suspeitamos de que a confusão seja uma cortina de fumaça que visa a nos impedir de saber a verdade.

Clareza inspira fé. Nós presumimos — como os jurados quando ouvem testemunhas especialistas — que quem se comunica com clareza sabe do que está falando. Na verdade, uma grande empresa de consultoria de júri descobriu que as pessoas consideram a "clareza" uma característica-chave do verdadeiro especialista — ainda mais importante do que suas realizações profissionais e os prêmios que recebeu.

Seja mais claro e as pessoas acharão que você é um especialista.

Simplifique

O que mais queremos é certeza e encontramos modos de lidar com ela. Mas não conseguimos lidar com o oposto. Uma expressão popular transmite muito bem essa sensação:

"A dúvida me paralisou."

Você se aproxima de alguém com uma proposta: quer um emprego, um público, uma referência — alguma coisa. Apresenta sua proposta em detalhes, cobrindo todos os ângulos e tornando seu argumento esmagador.

O problema foi esse. Você exagerou. O ouvinte ficou sobrecarregado.

Você foi longe demais.

A apresentação detalhada, item por item, estraga tudo. Você fornece tantos detalhes que agora o ouvinte está perplexo. Sua proposta é complicada. Como nós falamos e ouvimos mal, o excesso de detalhes realmente confunde; algumas partes parecem contraditórias. E há *muitas* opções.

(Em marketing isso é chamado de paralisia da opção. O fenômeno se manifestou mais claramente em testes em que foram oferecidos a consumidores três tipos diferentes de geléia de morango. Eles escolheram um. Contudo, quando lhes ofereceram mais quatro opções, foram embora de mãos vazias.)

Simplifique. Edite constantemente sua história.

Você sempre falará o suficiente em uma situação dessas, primeiro porque se apresentar um argumento forte obterá a atenção do ouvinte, que lhe perguntará mais. Essas perguntas lhe mostrarão o que ele quer saber e lhe pouparão o esforço inútil de discutir outras coisas — e confundir ainda mais o ouvinte.

Simplifique. A simplicidade dá às pessoas certeza, e é com a certeza que elas conseguem lidar.

O que a Wal-Mart lhe diz

Até alguns meses atrás, as estantes da Wal-Mart eram apenas 2,5cm mais baixas que Shaquille O'Neal. Hoje medem apenas 1,40m.

A mudança mostra algo que as pessoas querem: espaço.

A antiga Wal-Mart sufocava as pessoas com estantes e pilhas de mercadorias.

Hoje os consumidores podem olhar por cima de cada estante e, em muitas lojas, tirar as mercadorias das estantes sem ter de dar um puxão.

A Wal-Mart aprendeu que menos é mais.

Os oradores sabem disso. Concentram-se não só nas palavras, mas também no silêncio. Como na música de qualidade, as pausas também são importantes; dão ao ouvinte e ao músico uma chance de respirar. Fazem você antecipar o que poderia vir depois e apreciar o que veio antes.

Os anunciantes sabem disso. Talvez os melhores anúncios de nossa era, do iPod da Apple, sejam cheios não só de palavras, mas de espaços em branco. (Ou, para sermos tecnicamente exatos, espaços amarelo-esverdeados ou azuis, as cores dominantes na palheta do iPod.) Uma silhueta preta de alguém dançando, uma silhueta branca de um iPod no peito do dançarino, e quatro palavras: "A vida é aleatória."

Décadas atrás, Rudolph Flesch descobriu que os leitores eram não só atraídos pelas palavras como também pelas pausas para respirar entre frases e parágrafos. Frases longas deveriam ser seguidas de curtas e parágrafos grandes deveriam ser seguidos de curtos, concluiu.

Siga a recomendação de Flesch. Tente reduzir as palavras em suas frases para 12. Se tiver de escrever uma longa, tente pôr uma curta antes e uma depois.

Ao falar, faça pausas. Se for expor um ponto de especial interesse, preceda-o com uma frase que alerte o ouvinte: "Isto é importante."

Então faça uma pausa para que seu ponto tenha tempo para criar raízes.

Preste atenção ao seu espaço em branco. O silêncio fala.

"A roupa íntima do autor"

No campo da escrita, alguns se referem a isso como mostrar "a roupa íntima do autor".

Para onde quer que você olhe, lá está, tremulando aos sete ventos.

Está presente quando um orador fala sobre "consultar a HP em Roma".

Ou quando um designer gráfico acrescenta alguns floreios em um logotipo que por si só já grita: "Vejam como sou inteligente."

Ou alguém escolhe uma palavra de cunho erudito em vez de uma mais simples que comunique melhor.

Em cada um desses casos, o comunicador não entendeu bem o verdadeiro significado de "comunicar". As palavras "comunicar" e "comungar" têm a mesma derivação. Sugerem igualdade, pessoas partilhando.

Os três exemplos anteriores não representam tentativas de partilhar algo para o benefício comum.

Nenhum comunicador está tentando dar algo além de uma impressão: eu sou talentoso, bem-sucedido.

Esses supostos comunicadores realmente acreditam que estão se dando bem. Vendo um concorrente fazer malabarismos para citar nomes de clientes importantes, crente de que suas habilidades de vendas lhe serão muito úteis, observamos o possível cliente fazer o mesmo que nós.

Ele ergue uma sobrancelha, como se dissesse: "Você pensa que *me engana*?"

Isso não funciona.

Quando você mostra sua roupa de baixo, se expõe. Só demonstra que está querendo se exibir.

Não tente se exibir; desde que éramos crianças, percebíamos a distância quando alguém fazia isso.

Não fale para, fale com: comunique-se.

A marca chamada Você

Um dos mantras da década envolveu imprimir uma marca às pessoas como se imprime a uma lata de refrigerante.

Não é difícil perceber imediatamente uma pequena falha nessa idéia. Uma lata de Pepsi contém quatro ingredientes principais. Para começar, um ser humano contém 46 cromossomos e tantas nuances que, enquanto todas as latas de Pepsi são iguais, não há duas pessoas no mundo com impressões digitais idênticas.

Nós experimentamos carros e latas de refrigerante diferentemente de como experimentamos pessoas. Isso torna os princípios de marketing pessoal muito diferentes.

Ao construir a marca chamada Você, muitas pessoas acreditam que podem tecer uma trama. Acreditam em mágica, ou que as marcas são produzidas através de esperteza e engano. Talvez pensem em exemplos como a Volkswagen e concluam que aquela propaganda engenhosa tornou o corretamente apelidado Volkswagen Bug adorável e desejável, e considerem isso uma prova da capacidade do marketing de enganar. Talvez estejam entre as muitas que acham que carros são apenas carros e qualquer mística ao redor deles deve ter sido artificialmente criada.

Assim, nós nos rebelamos contra a idéia de construir uma marca ou a abraçamos como uma ferramenta útil para fraude. Contudo, as grandes marcas são autênticas. Sobreviveram porque as pessoas as consideraram confiáveis e passaram a acreditar que eram o que diziam ser. As grandes marcas têm integridade. O que dizem é *integrado* — integrado e integridade são expressões relacionadas — com o que fazem.

Ninguém responde aos nossos esforços para ser o que não somos. As pessoas respondem à pessoa boa mas má, excelente mas imperfeita sentada do outro lado da mesa.

Uma marca chamada Você sugere que você pode tecer uma trama, como na história em que Rumpelstiltskin tecia palha que se transformava em ouro. O mito e o folclore são cheios de exemplos dessa tentativa fracassada e nenhum é mais memorável do que o de *O mágico de Oz*.

O Mágico tinha fama e poder. Inspirava medo a leões, espantalhos e toda a terra de Oz. Sua tentativa de criar a marca Mágico foi bem-sucedida por algum tempo até que alguém — e isso não era difícil de imaginar — reagiu a ele como o garotinho ao Rei Nu.

Construa uma marca autêntica; não há nenhum outro tipo.

Inspirações para sua marca

Pense em duas das grandes marcas do mundo: Nike e Harley-Davidson.

Diante do desafio da consagrada, mas um tanto antiga empresa alemã Adidas, Phil Knight — um americano típico — reuniu um grupo de rebeldes da Costa Oeste com idéias parecidas. Juntos eles criaram uma empresa como nenhuma outra.

Desde o início, a Nike celebrou e proclamou publicamente sua singularidade. (Um anúncio antigo memorável mostrava vários funcionários negligentemente vestidos esparramados nos bancos de um aeroporto, enquanto outro mostrava um sujeito que parecia saído do Merry Pranksters, de Ken Kesey, acima do título: "Nosso primeiro funcionário ainda está conosco — achamos.")

A Nike permaneceu fiel ao seu início rebelde. Apresentou um comercial em que Charles Barkley insistia em que não era e nem seria um modelo exemplar — uma sugestão ousada. Em um anúncio, o jovem Tigger Woods afirmava estar pronto para o mundo. Mas sendo um golfista negro, perguntava: "Você está pronto para mim?"

A Harley nunca pretendeu ser nada além de uma moto possante, que você mal podia levantar se caísse. Nunca celebrou seu endosso por parte dos Hells Angels, mas também nunca evitou essa conexão.

Quando os japoneses invadiram a América com motocicletas mais leves que voavam nas estradas e eram rapidamente vendidas nas concessionárias, a Harley continuou fiel a si mesma. Permaneceu autêntica, valorizando seu passado. E como sua marca inspirava devoção, lembrou a todos nós do quão forte pode ser a devoção a uma marca — se você é autêntico.

Em um memorável anúncio *full-color* de duas páginas, a Harley mostrou um ícone familiar. Era uma foto em close-up de um bíceps masculino forte e bronzeado com uma tatuagem multicolorida: o logo da Harley. Abaixo da foto, o redator de propaganda Ron Sackett escreveu esta frase memorável:

"Quando foi a última vez em que você sentiu tanta paixão por *alguma coisa*?"

Como os sapatos e as motocicletas, nós estabelecemos nossas marcas no mundo e só somos bem-sucedidos sendo fiéis a nós mesmos.

As pessoas desenvolveram detectores quase infalíveis de falsificações e fraudes. Você só consegue enganá-las por algum tempo.

Mas quando elas descobrem, você está fora.

Uma vida no marketing confirma o bom senso de ser fiel a si mesmo. Em última análise, isso o faz se sentir melhor; não precisa pensar em como quer ser. Ser autêntico também o faz conquistar confiança e apoio, as chaves para os relacionamentos duradouros.

Você tem uma marca. Certifique-se de que seja autêntica.

A sabedoria da Apple: procure metáforas

Em um mundo complexo, descrever o que você faz ou vende também se tornou mais complicado. Peça a alguém para lhe explicar, por exemplo, um determinado plano de benefícios definidos. A pessoa ficará com um olhar confuso.

Você quer agradar mais?

Imite a Apple.

Certa vez a Apple apresentou vários produtos muito úteis e eficazes em ambientes de negócios. Mas a empresa encontrou dois obstáculos.

O primeiro foi que as pessoas consideravam os computadores da Apple "domésticos" — mais como brinquedos do que ferramentas de trabalho sérias, mais para amadores do que para profissionais. Não importava a quantidade de funções, memória e potência que a Apple acrescentasse aos seus computadores, as pessoas não conseguiam responder à pergunta: "Que diferença um computador da Apple pode fazer para seu negócio?"

Os usuários se sentiam satisfeitos com seus IBMs e clones de IBM.

Que diferença a Apple *poderia* fazer?

A Apple encontrou essa resposta em uma metáfora perfeita.

Era a "Editoração Eletrônica".

Os possíveis clientes entenderam. Além disso, acreditaram que nenhuma outra empresa oferecia essa capacidade, porque nenhuma a mencionava. Como associavam intimamente a Apple a palavras e gráficos, em vez de a números e planilhas eletrônicas, a Apple também pareceu a ferramenta ideal para Editoração Eletrônica, mesmo se seus concorrentes pudessem reunir "Soluções de Editoração Eletrônica".

E note aqui um ponto sutil, porém importante: a omissão por parte da Apple da palavra "soluções". No final da década de 1980, essa era a palavra mais familiar no mundo empresarial americano. Dentro de meses parecia que todas as empresas — inclusive as que vendiam tintas em spray e mangueiras para jardim — ofereciam essa Coisa Nova chamada "soluções".

O problema com as "soluções" — que passava facilmente despercebido — é que esse termo sugere complexidade. Em primeiro lugar, por ser plural. Diz-nos que "não há apenas uma resposta", mas "muitas". Os possíveis clientes sabem que devem pensar em vários produtos e serviços para ver qual combinação poderá funcionar melhor.

"Soluções" prometia complexidade, quando as pessoas ansiavam por simplicidade.

A Apple não ofereceu muitas coisas. Ofereceu uma metáfora simples e maravilhosa: Editoração Eletrônica. (Note o efeito: Editoração Eletrônica sugere uma "solução" única e simples. "Soluções" sugere muitas.)

Que metáfora tornará sua mensagem mais clara?

Inspirações para metáforas

Um bem-sucedido consultor de recursos humanos se refere a si próprio como "um clínico geral de RH". Ele avalia os recursos humanos das empresas, identifica imediatamente todas as doenças e prescreve remédios eficazes.

NameLab sugere rápida e inteligentemente que a empresa usa uma abordagem científica, e talvez a mais eficaz, para desenvolver nomes de empresas.

Geoffrey Moore escolheu *Crossing the Chasm*[5] como uma metáfora clara para seu livro, que descreve o desafio de passar da venda de produtos para pessoas especializadas em eletrônica — para quem nada é complexo demais — para a venda para pessoas

---

[5] Atravessando o abismo (tradução livre). (*N. da T.*)

como nós, que detestam complexidade e ainda usam apenas 10% das funções de seus aparelhos de DVD.

(O próprio Geoffrey certa vez sugeriu que uma metáfora clara pode valer 40 mil páginas de análise, o que as vendas de *Chasm* parecem confirmar.)

Pense nos best-sellers de um ano atrás: *O ponto de desequilíbrio. Blink — a decisão num piscar de olhos. O mundo é plano.* Compare o poder dessas metáforas com títulos não metafóricos que transmitem a mesma coisa: *Points of Accelerated Market Adoption*[6], *Immediate Judgments*[7] e *A Truly Global World*[8].

Os títulos metafóricos sugerem que, embora seu material seja idêntico, os livros são diferentes.

Entre outras promessas que sua metáfora pode fazer, ela promete que suas comunicações serão mais claras e envolventes — uma boa promessa para um possível cliente, nesta era confusa.

Para inspiração, olhe ao seu redor.

Não me faça rir

Seus amigos lhe contam uma piada sem graça e você ri assim mesmo.

---

[6] Pontos de adoção de mercado acelerada (tradução livre). (*N. da T.*)
[7] Julgamentos imediatos (tradução livre). (*N. da T.*)
[8] Um mundo realmente global (tradução livre). (*N. da T.*)

Isso é natural. Só está sendo gentil.

Mas quando você se autopromove incentivado por algumas pessoas que sorriram quando fez isso, acontece algo diferente.

Por exemplo, você envia um pacote para um possível cliente com uma abelha de plástico dentro e um bilhete: "Ouviu o zumbido?"

Depois telefona para a pessoa e pergunta: "Você recebeu meu pacote?" Ela responde que sim e acrescenta: "Achei uma graça." Essa resposta, junto com a aparente opinião de um amigo de que a abelha é uma boa idéia, fazem você concluir que é. Os psicólogos têm um nome para seu erro: efeito do falso consenso — o hábito de presumir que os outros concordam conosco quando não concordam.

Você continua a usar esse recurso.

Mas sua mensagem básica é: "Teste-me, eu sou inteligente." Muitas pessoas se sentem mal com as implicações disso: que elas não são sofisticadas, são facilmente enganadas e até mesmo frívolas.

Também ficam com a impressão de que você não tem nada importante a dizer, por isso usa jogos de palavras e truques malfeitos.

Se você se perguntar, "Minha idéia é profissional?", provavelmente não é.

Não faça alarde de suas credenciais

Você se esforçou muito para chegar onde está.

Tem motivos para se orgulhar e presumir que as outras pessoas também darão valor a isso.

Elas darão — mas muito menos do que você imagina.

Pense novamente na pesquisa que estudou o efeito em jurados das credenciais de especialistas. As pessoas têm mais fé no especialista com ótimas credenciais — a "melhor" universidade, a lista mais longa de artigos em publicações respeitadas?

Não. Elas têm fé em quem se comunica melhor.

Por que enfatizar algo que importa relativamente pouco?

E o pior é que isso pode dar a impressão de arrogância e de que você está se vangloriando, o que tende a afastar as pessoas.

O mais importante é pensar na frase: "O que você fez para mim ultimamente?" Suas credenciais provêm de seu passado e podem não dizer muito sobre sua capacidade de suprir as necessidades alheias.

Tenha cuidado com o auto-elogio.

Não tente convencer; conte sua história

Pense nos bebês.
Nossa linguagem reflete quem somos e como pensamos. Mostra claramente como os outros reagem ao que dizemos — e como dizê-lo melhor. Preste atenção aos bebês de 18 meses. Eles só usam algumas palavras que mostram do que gostam. Por exemplo, com algumas exceções, os meninos aprendem rapidamente os nomes de mais de uma dúzia de carros. Antes de conseguirem dizer "flor", são capazes de conhecer caminhão, ônibus, táxi, bicicleta, carro, van, trator e vários outros veículos.

Independentemente do sexo e do lugar em que a criança nasceu, há uma palavra que ela consegue dizer desde muito cedo: "história".

A princípio você pode se surpreender ao ouvir essa palavra, porque não é fácil para uma criança articulá-la. Na primeira vez em que faz isso, geralmente as duas únicas outras palavras que aprendeu são as óbvias: mamãe e papai.

Mamãe, papai e história. (Pergunte a pessoas de países sul-americanos se os filhos delas também demonstram essa preferência e responderão que sim: "*Mamá, papá e cuento.*")

Por que tão cedo? Porque são as histórias que nos fazem entender nosso mundo quando somos pequenos. Nossa vida é uma história. Os noticiários noturnos, os programas de TV, os filmes e as peças de teatro são histórias. A música que adoramos conta sua história por meio da letra ou a evoca com suas palavras.

As histórias nos fornecem contexto, e o contexto ajuda pessoas de todas as idades a entender.

Elas têm um poder especial porque podem ser rapidamente traduzidas em algo visual. Quando ouvimos uma história também vemos uma imagem que guardamos por muito tempo na memória depois que as palavras desapareceram.

Quando entendemos algo, dizemos: "Estou vendo." As histórias criam no olho de nossa mente a imagem que vemos.

Isso leva à pergunta:

Por que, quando as pessoas vendem, relacionam seus feitos em vez de contar suas histórias?

Por que tantas empresas gastam tanto tempo dizendo o quanto são boas e tão pouco contando suas histórias?

Um consultor financeiro relaciona para um possível cliente todos os serviços de sua empresa: seguro, planejamento sucessório, anuidades variáveis, planos de benefícios definidos, fundos mútuos, ações e títulos. Há este e aquele serviço e um recorde de crescimento e sucesso.

No final de tudo isso, o que o possível cliente pensa?

"O que é anuidade variável?"

Ele pensa, "Eu não sei o que é nada disso. Estou confuso, assustado e sobrecarregado." Sabe que tem três filhos chegando à idade universitária, x em economias, y em uma hipoteca e uma renda atual de z. Então sua pergunta é simples:

Como você pode me ajudar?
Você já fez isso para alguém como eu?
Conte-me sua história.

Conte histórias.

O que é "Uma boa história"?

Pense em *Bambi*, Holly Golightly em *Bonequinha de luxo* ou Holden Caulfield em *O apanhador no campo de centeio*.
Pense também em Cartman em *South Park*, Snoopy em *Peanuts* ou no Homem-Aranha em todas as suas encarnações.
Toda boa história tem um herói e dois outros elementos-chave que você deveria incorporar à sua:

1. Um importante desafio.
2. O herói lidando com o desafio e aprendendo algo com isso.

É fácil entender por que as histórias da maioria das empresas falham. Veja esta de um típico folheto:
"Em 1955, nós começamos o negócio como Acme Tool & Die. Hoje somos uma empresa em franca expansão com escritórios em 13 países e mais de U$1,5 bilhão em receitas anuais. Possuímos o certificado

ISO-9000 e somos regulamente incluídos na lista 'As Melhores Empresas do Mundo para se Trabalhar'."

Essa é uma história de certo modo impressionante. Só há um problema: não é boa.

Tem o herói errado.

Se você quiser que seu possível cliente se identifique com sua história, deve fazer o que os grandes contadores de histórias fazem: com que ele se identifique com o herói.

Seu possível cliente não vai se identificar com você, sua empresa ou seus produtos por um simples motivo: você não é e nem nunca será o herói dele.

O cliente é o herói. As pessoas se identificam consigo mesmas; querem soluções para os problemas delas. Não estão interessadas em ajudar você a atingir a marca de 1,6 bilhão de dólares em receitas anuais ou a abrir um escritório em Xangai.

A história ideal fala sobre um cliente, não a empresa. Coloca o ouvinte no lugar desse herói e cria tensão ao redor de algum desafio enfrentado por ele: um problema de saúde ou financeiro, um grande desejo não realizado. A boa história mostra como a pessoa superou esse desafio, e tem um final feliz.

Suas melhores histórias não são sobre você; são sobre *eles*. Conte histórias que tornem seus clientes os heróis e façam seus possíveis clientes se identificar com elas.

Então eles verão como você pode ajudá-los.

Ponha o público, não você, no lugar do herói.

O primeiro truque ao contar histórias

"Eu sempre me perguntei como eram feitas as salsichas. Agora sei e gostaria de não saber."
"Foi o melhor e o pior dos tempos..."
"Todas as famílias felizes se parecem; cada família infeliz é infeliz à sua própria maneira."
Essas são as palavras vitais em três histórias diferentes mas muito bem contadas: "Block That Chickenfurter", uma coluna na revista *Life* do maravilhoso escritor e professor de redação William Zinsser; *Um conto de duas cidades*, de Charles Dickens; e *Anna Karenina*, de Leo Tolstoy.

São os lides.

Cada lide nos puxa imediatamente para cada história, provocando-nos com uma pergunta e nos garantindo que estamos em boas mãos: as mãos de alguém que nos envolverá pelo resto da história.

Sua frase-chave em cada apresentação é a primeira. Deve tornar os ouvintes ansiosos por ouvir a segunda, que deve fazê-los ansiar pela terceira.

Dito de outra maneira, as primeiras 15 palavras são tão importantes quanto as próximas 15 mil.

Como você escreve essa frase mais importante? *Cuidadosamente.* Dê aos ouvintes um motivo convincente para ouvir a história, mas sem revelar-lhes o final. Freqüentemente o apresentador faz isso. Como o público de cinema, o de palco perde o interesse na história quando sabe seu final.

Como modelos, pense em dois grandes lides de duas apresentações recentes.

"Qualquer um que questione o poder de uma marca", começa o apresentador, "certamente não conhece a história engraçada da Rogaine."

"Eu percebi que a matéria precisava de um pouco de tempero", começa o apresentador, "por isso fiz o óbvio: acrescentei um pterodátilo."

Se você passa três horas escrevendo suas apresentações, passe trinta minutos escrevendo seus lides.

Cative imediatamente o público: crie lides.

O segundo truque ao contar histórias

"Deixe-me lhe contar uma boa história sobre certificados de depósito."

Não, não conte.

Nossas histórias sobre negócios, não importa o talento com que as contemos, invariavelmente carecem dos elementos das grandes histórias que cativam os leitores: vilões, traição e violência, sexo e romance. Desfiadas com vívida imaginação, as histórias com esses elementos envolvem naturalmente os ouvintes mais do que as sobre anuidades variáveis, cateteres de angioplastia e consultoria em TI.

Manter o interesse dos ouvintes exige ainda mais esforço porque eles sabem que, mais do que entretê-los, você deseja lhes vender algo.

Contudo, isso não significa que você deva abandonar os truques de um bom contador de histórias. Pelo contrário: *deve usá-los ainda melhor.*

Isso leva ao segundo truque ao contar histórias: o Próximo Lide.

Você começa com um lide forte. Fornece um detalhe que mantém o ouvinte interessado. Depois fornece mais detalhes. Então, como ocorre com a intensidade de uma obra musical, a intensidade da história diminui e, com ela, a atenção do ouvinte. Você precisa de um movimento: o Próximo Lide.

O lide faz o público se interessar pela história e, periodicamente, você precisa atrair-lhe novamente a atenção.

O Próximo Lide se parece com o primeiro. Você pode pensar nele como o clássico recurso do publieditorial que funciona tão bem que as pessoas o parodiam: "Mas espere, há mais!!"

Alguns exemplos:

"Eles esperavam atingir a marca dos 5 milhões de dólares em seu quinto ano. Atingiram a dos 7 milhões de dólares. Mas, espere! A história de como fizeram isso é ainda mais intrigante..."

"Mas a melhor parte da história é o que vem a seguir..."

"Como se a enchente não bastasse, um raio caiu novamente sobre eles uma semana depois, de uma forma mais violenta: uma visita da Receita Federal..."

(Nós dissemos que as histórias sobre negócios não

têm sexo e violência, mas você pode encontrar muito uso para o horror.)

O Próximo Lide desperta novamente o interesse do público, levando-o a perguntar: "E agora?"

Quando você ensaiar apresentações na frente de outras pessoas, pergunte-lhes: "Em que ponto eu poderia tornar isto mais interessante?" Insira um Próximo Lide aí.

Crie um Próximo Lide — e depois pelo menos mais um.

Trabalhe a mensagem

Você conhece o problema — o lê todos os dias.

Recebe um folheto anunciando algo: um serviço de telefone celular, um novo restaurante, uma vitamina maravilhosa, e o põe rapidamente de lado.

Mas talvez, um dia, entre no escritório de um consultor. A mensagem dele foi modesta, mas irresistível.

"Todos os nossos consultores deixaram uma das quatro maiores empresas do ramo para se juntar a nós, e nenhum deles nos deixou. Nesse período, mantivemos todos os nossos clientes."

Encontre sua mensagem, mantenha-a simples e a repita freqüentemente.

O dom de ser claro

Os grandes comunicadores são hábeis editores. Como o escritor Elmore Leonard, sabem cortar as partes que os leitores de qualquer modo não leriam. Os editores não têm pressa em editar e, com isso, comunicam ao leitor: "Você é importante para mim."

Mark Twain expressou o papel vital da edição quando escreveu uma carta para um amigo. Perto do final, percebeu que o número de palavras na carta excedia em muito o número de idéias, e que dera um bocado de trabalho ao leitor. Então Twain expressou suas desculpas e sua compreensão da dificuldade de editar com uma nota final:

"Se escrevi esta carta tão longa foi porque não tive tempo para fazê-la mais curta."

Revise cada memorando. Depois o revise de novo. Leia-o em voz alta e pergunte: "Como isso pode ser dito mais sucintamente?" Brevidade é poder.

Leia o que escreveu em voz alta e o revise de novo.

Seja claro

Pelo menos metade de todo documento é clara.
O problema? É a outra metade.
Até mesmo as partes ligeiramente vagas fazem o leitor questionar as mais claras. Ele achou que tinha entendido, mas sua verborragia agora o deixa na dúvida. A parte ligeiramente vaga parece contradizer a clara — ou contradiz?
· De repente, ele não tem certeza de que *há* uma parte clara.
Uma técnica simples o ajudará a escrever com maior clareza. Isso, por sua vez, tornará seus leitores mais confiantes e propensos a considerá-lo um especialista.

Corte todo documento pela metade.

Seu último passo

Leia em voz alta tudo o que escreveu.
Seus ouvidos notarão os erros que seus olhos deixaram passar, lendo o documento como o ouvinte o leria. Se você fizer a revisão apenas com os olhos eles o enganarão porque sabem o que disse. Tende-

rão a ver o que você acha que escreveu em vez de o que realmente pôs no papel.

Quando você lê em voz alta, ouve os erros.

Seus ouvidos, sendo musicais, também ouvem ritmos estranhos. Acerte-os e o texto fluirá para o leitor. Ele o lerá mais facilmente, o apreciará e apreciará a pessoa que o apresentou.

Depois de escrever algo, não deixe de ouvi-lo.

DUAS HABILIDADES-CHAVE: OUVIR E FALAR

Como ser fascinante

Recentemente conversamos com um colega que fora a uma festa uma semana antes. Um dia depois da festa, uma mulher com quem ele falara lhe enviou um e-mail de agradecimento. "Eu gostei muito da nossa conversa", escreveu ela.

No dia seguinte, nosso colega soube que a mulher havia dito a uma amiga em comum que ele era "um interlocutor maravilhoso. *Muito* interessante!"

Realmente interessante.

Nosso colega disse que não falou por mais de um minuto. Ela falou pelos outros cinqüenta.

Ouvir torna você cativante.

Saiba ouvir

Nosso vocabulário constantemente revela como pensamos. Pense no que dizemos sobre a fala.

"Falar é barato." "É mera retórica." "É apenas verborragia."

Agora ouça o que mais dizemos.

"O silêncio vale ouro."

Essas expressões revelam nossas crenças: nós achamos que as pessoas falam muito e ouvem pouco. Desconfiamos das palavras, mas confiamos nos ouvintes — e os elogiamos.

"Ela é uma ótima ouvinte." "Ele realmente me ouviu." Freqüentemente as empresas apresentam anúncios que afirmam: "Nós ouvimos você." Elas presumem que valorizamos isso porque significa que ficarão atentas às necessidades do cliente e lhe fornecerão uma ótima solução. Portanto, "as melhores soluções viriam por meio da melhor escuta".

Essas empresas e seus anúncios não percebem que você pode ouvir os clientes e ainda assim não entender o que eles querem, principalmente porque escuta inteligente exige questionamento inteligente. Não é fácil.

Nós não valorizamos os ouvintes porque nos oferecem respostas. Por exemplo, quando uma amiga ouve nossos problemas, não valorizamos que nos tenha respondido com uma sugestão.

Valorizamos que tenha se interessado o suficiente por nós para nos ouvir.

Apenas revelar nossos problemas proporciona clareza — como obviamente sabe a psicologia moderna que enfatiza a terapia baseada nisso. Como nessa terapia, o orador valoriza não só a resposta como também a atenção do ouvinte. É bom ser ouvido.

Impressionado com a rápida ascensão de Ben Taylor, que foi da África para a América e logo estava dirigindo uma franquia da ExecuTrain, alguém em busca de conselhos lhe perguntou qual era a chave para o sucesso. Sem hesitar nem por uma fração de segundo, Taylor respondeu:

"Eu ouço."

Alguns conselhos simples ajudaram a levar Ruth Ann Marshall para o topo de sua profissão, a presidência da MasterCard International. Quando lhe pediram para refletir sobre as grandes lições de sua vida, Ruth se lembrou do conselho da mãe:

"Você tem dois ouvidos e uma só boca, Ruth Ann. Isso significa que deve ouvir o dobro do que fala."

Ouça ativa e freqüentemente; sempre.

O modo mais fácil de perder alguém

Anos atrás, perguntaram a um hábil cirurgião o que lhe faltava na vida.

Como ocorre com muitas afirmações profundas, a importância de sua resposta só fez sentido anos depois. "Eu gostaria de fazer um safári na África, mas não há algo específico que queira ou de que precise, e tenho mais dinheiro do que poderei algum dia gastar. O que mais desejo ter e mais me falta é tempo."

Nós avaliamos os amigos da mesma maneira. Nossa medida da importância que temos para eles é o tempo. Os conhecidos nos dedicam momentos; os amigos nos dedicam horas; os bons amigos nos dedicam dias.

Você é visto em proporção direta com o modo como parece ver os outros. A palavra crítica aqui é "parece" e outra história ilustra isso e o valor do tempo.

Ela deveria ter sido uma estrela. No início tudo indicava que seria. Aos 33 anos, foi nomeada diretora regional de vendas de sua empresa. Aos 45, as pessoas se reportavam a ela. Sua energia, seu charme, sua atenção aos detalhes e capacidade de vender fizeram sua rápida ascensão parecer inevitável.

Dez anos depois, ela procurava trabalho. Dois anos depois disso, também. Era vítima de uma falha fatal e, contudo, corrigível.

Você logo podia notá-la. A origem da falha era inocente: ela era ansiosa.

Porém, não era a falha que a prejudicava — mas a conseqüência. Ela estava sempre apressada. Precisava se esforçar para ficar sentada quieta e se concentrar nas pessoas com quem falava. Se algo a distraísse — alguém entrasse na sala ou lhe ocorresse uma idéia — concentrava-se na distração e se desligava da pessoa.

Ela não tinha consciência da impressão que causava e ninguém jamais lhe disse coisa alguma a esse respeito.

Em vez disso, as pessoas simplesmente deixavam de se sentir importantes para ela. Os clientes vinham e iam embora. Os colegas, antes impressionados com sua energia, ficavam magoados com o quão pouco ela parecia dar-lhes atenção.

Ela realmente se importava com as pessoas. Sabia disso e seus amigos íntimos também sabiam. Mas a primeira regra das vendas e do marketing não é "você é quem você é", mas "você é quem parece ser".

No início de sua carreira e de uma reunião com ela, as pessoas atribuíam sua desatenção a energia e iniciativa, e a toleravam. Porém, com o passar do tempo, perdiam a paciência e ela perdia terreno.

Você é quem parece ser. E, muitas vezes, ela parecia interessada em tudo menos nos outros.

Ela deveria ter aprendido uma regra: a Regra do Segundo.

Quando você ouvir alguém, faça uma pausa de um segundo antes de responder. Isso indica que prestou atenção. Se começar a falar imediatamente, dará a impressão de que estava esperando a pessoa parar para ir para a parte importante: suas palavras e suas idéias.

Espere um segundo antes de falar.

Nossa interpretação errada do que é ouvir

"Eu não estou ocupado agora, só estava ouvindo uma coisa."

Essa afirmação mostra nosso problema. Nós vemos o falar e o ouvir de modo diferente. Vemos o falar como uma *atividade*; ficamos *ativos* e até mesmo animados ao realizá-la. Alguns oradores bem-sucedidos chegam a parecer hiperativos.

Mas o que é ouvir?

Nós achamos que ouvir é um ato passivo. Tudo que temos de fazer é nos sentar. Presumimos que isso funciona.

Não funciona, como revelam as aulas nas universidades.

Um estudante universitário realmente pode assistir às aulas, apenas ouvi-las e tentar se fiar em sua memória na hora da prova. Mas a maioria dos estudantes sabe que não deve fazer isso. Eles fazem anotações. Longe de ser passivos, são mais ativos do que o orador, cuja única tarefa é falar. Os estudantes ouvem e escrevem e, em alguns casos, lêem o que acabaram de escrever.

A experiência deles nos lembra de que o ouvinte bem-sucedido é ativo. Você tem de se envolver.

Mas se você não puder fazer anotações, o que deve fazer?

A próxima melhor coisa: formar imagens do que a pessoa está dizendo. Se ela estiver se descrevendo como parte de uma tripulação de um veleiro em Cape, visualize-a em um barco com as velas açoitadas pelo vento cortando ondas espumantes. Se estiver descrevendo amigos da Flórida, visualizar palmeiras o ajudará a se lembrar desse detalhe.

Nós não nos lembramos bem das palavras. Lembramo-nos das imagens.

Você assimila melhor quando forma imagens, e sua óbvia atenção será um elogio para o orador.

Ouça ativamente, formando imagens.

Mais um passo

Os psicólogos sabem que o corpo reflete os pensamentos. Por exemplo, se estamos tristes, tendemos a baixar os ombros e a cabeça.

O oposto também é verdadeiro. A mente segue o corpo. Abaixe voluntariamente os ombros e a cabeça e seus pensamentos tenderão à tristeza.

Ouvir também funciona assim. Um modo eficaz de ouvir melhor é, literalmente, *pôr todo o seu corpo nisso*. Sinta todo o seu corpo, da cabeça aos pés, envolvendo-se com o orador. Quando o corpo está envolvido, a mente se envolve mais.

E, mais uma vez, o orador notará e apreciará a consideração que você demonstra.

Ponha todo o seu corpo nisso.

Ouça o que não é dito

As pessoas ignoram a maior parte do que pensam — é inconsciente. Não o articulam e freqüentemente não o podem fazer.

Isso tem uma implicação enorme que de certa forma contradiz o conselho que você ouvirá durante toda sua vida: ouça. O problema com esse conselho é que você só ouve o que as pessoas sabem e querem dizer.

Na melhor das hipóteses, é apenas 10% da história.

Se tudo o que você fizer for ouvir, tudo o que saberá é o que foi dito.

Você não pode apenas ouvir. *Deve observar.* A vida não é feita de palavras, mas de ações. Como eles agem?

O que ela faz? Em que gasta seu tempo e dinheiro? O que sua postura lhe diz? O que sua prateleira de livros lhe diz?

Ouça as palavras, mas depois use os olhos. Veja o que eles também estão dizendo.

A prova de que ouvir surte efeito

Survivor[9].

Nosso amigo e futuro autor de best seller Jacob Greene recentemente nos lembrou de sua importância.

---

[9] Programa da TV americana no qual se baseou o brasileiro *No limite*. (N. da T.)

Se você conseguir agüentar os comerciais e exageros, o programa revelará muito sobre a arte de conquistar amigos e influenciar pessoas.

No final de cada série, quando restam apenas dois ou três participantes, adivinhe quem é um deles?

O Ouvinte — aquele que fica acordado até tarde ouvindo o homem que sente falta dos filhos que deixou em casa ou a mulher que não consegue agüentar as queixas dos outros.

Todos os outros saem da ilha, mas o Ouvinte fica.

Os ouvintes vencem.

O coração de todas as apresentações

Os alunos de Stanford ainda se lembram de Ron Rebholz.

No início, eles não receberam com muito entusiasmo a notícia de que ele falaria durante três meses sobre Shakespeare. O pouco de Shakespeare que tinham lido na escola secundária parecia escrito em outro idioma.

Eles mal podiam decifrar as falas de *Romeu e Julieta*, como: "Pecado de meus lábios? Oh, culpa deliciosamente censurada ao pecador! Devolvei-me então meu pecado." Tinha a ver com beijar e possivelmente algo mais. De resto, as palavras do bardo os confundiam.

Naquele dia ensolarado e distante de outono, quando o Sr. Rebholz subiu ao palco, muito poucos alunos se entusiasmaram, mas estavam prontos para satisfazer a exigência da universidade de que tivessem uma aula de literatura.

Minutos depois, tudo mudou. Eles ficaram entusiasmados, ou melhor, encantados, porque Rebholz demonstrava entusiasmo. No mínimo, puderam perceber que, de fato, Shakespeare era importante, porque obviamente aquele homem tinha uma consciência profunda disso. Os estudantes se deram conta de que, se conseguissem se manter firmes, ler atentamente e ver as verdades eternas que a linguagem singular de Shakespeare transmitia, a vida deles poderia mudar.

Onde sentiriam essa mudança? Onde é mais importante: no espírito.

Nenhuma apresentação — seja sobre *Hamlet* ou a necessidade de sinais de trânsito melhores em determinada esquina — será bem-sucedida apenas por seu mérito. Muitas vezes você acha que tornou seu material interessante e falou bem. Mas, apenas quando sente a diferença que faz agir de acordo com as próprias palavras, as pessoas se tornam receptivas.

As mentes das pessoas não vão a parte alguma enquanto os corações delas não as levarem para lá.

Você aprende isso quando fala em público com freqüência. Em suas primeiras apresentações, certifica-se de que todos os argumentos são incontestáveis, todos os fatos são demonstráveis e toda sua lógica é irrefutável. Então, quando termina, sai do palco — e percebe que nada mudou.

Outro fenômeno ilustra esse ponto. Muitas pessoas falam em público há anos. Então um dia alguém se aproxima depois de uma palestra e lhes diz: "Você é um ótimo orador motivacional."

Muitos oradores se sentem ofendidos quando ouvem isso. Após tanto trabalho e estudo, concluem, sou apenas um desses sujeitos que gesticula na televisão ou pula no palco como se fosse chefe de torcida da escola secundária? Contudo, não muito depois, percebem que uma apresentação eficaz realmente comunica algo — que *deve* ser motivacional.

Uma observação maravilhosa sobre o ensino transmite essa idéia: "Um professor medíocre descreve; um bom professor explica; um ótimo professor demonstra; um grande professor *inspira*."

Independentemente do conteúdo de uma apresentação eficaz, ela transmite que seu tema é *importante*; é importante você contratar meus serviços, ler o artigo que eu li, pensar em votar em meu candidato. E em que isso é importante?

No coração e na alma. As grandes apresentações não são intelectuais, mas espirituais. Você deve alcançar o coração e a alma de todo negócio.

Os planejadores financeiros eficazes não vendem a você a quadruplicação de seu dinheiro em 25 anos, mas *a sensação* que terá quando ela ocorrer.

Quem recruta universitários para jogar futebol americano não lhes vende nove vitórias, duas derrotas e a chance de participar de um Bowl Game tele visionado. Vende-lhes a *sensação* de ser apreciado, ouvir em seu capacete os ecos de 80.000 torcedores e todas as outras sensações resumidas em um sentimento que todo jogador de futebol conhece e um observador chamou de "a emoção do gramado."

(Por favor, entenda que ninguém pode explicar adequadamente esse sentimento, mas poucos sentimentos se igualam a ele.)

Toda grande apresentação motiva.

O papel da eloqüência

Você o conhece — o ouviu.

Um orador se levanta, fala eloqüentemente, transmite inteligência e sabedoria, e se senta. Você fica impressionado, mas impassível. Semanas depois, outro orador se levanta.

Sempre foi assim. Séculos atrás isso foi perfeitamente ilustrado por dois generais gregos, Ésquines e Demóstenes. Como mais tarde observou David Ogilvy em seu clássico *Confissões de um publicitário,* Ésquines falava brilhantemente — em detrimento de si próprio. Os ouvintes deliravam com sua eloqüência.

Demóstenes, por sua vez, tropeçava em muitas palavras e às vezes até mesmo divagava. Ninguém se maravilhava com sua oratória. Mas todos se comoviam com sua paixão. Assim, os ouvintes admiravam e aplaudiam Ésquines. Mas, quando Demóstenes falava, viravam-se uns para os outros e gritavam: "Nós devemos marchar contra Filipe!"

O orador eloqüente nos impressiona, mas não nos leva a agir. Não nos comove porque não parece comovido. Concluímos que se isso realmente não é importante para o orador, por que deveria ser para nós?

Não impressione, comova.

Como continuar avançando

Bob Boylan certa vez escreveu um capítulo de um livro sobre liderança intitulado *The Leading Role Is Always a Speaking Part*.

Ele estava certo. Todos os líderes falam. Falar é considerado tanto um sinal quanto uma obrigação da liderança. Os verdadeiros líderes adquirem conhecimento e o transmitem.

Em algum momento, seu caminho profissional chega a um ponto crítico: o cruzamento de "Falar" e "Não Falar".

"Falar" leva diretamente para o norte — para cima.

"Não Falar" faz uma curva fechada para a direita e segue lateralmente.

Você certamente pode escolher o caminho mais fácil. Contudo, como todos os caminhos mais fáceis, esse não o leva longe. E trilhá-lo traz poucas recompensas.

Comece a se preparar hoje para sua chegada a esse cruzamento.

Tome o rumo norte a partir de agora.

Sobre alcançar o público

Você não alcança o público.

Alcança as pessoas, uma de cada vez.

Se o público reage a você, é porque a maioria das pessoas o faz individualmente. Cada pessoa reage porque você a alcançou direta e especificamente.

Você a alcança como alcança qualquer pessoa: olhando nos olhos dela. Como dizem, os olhos são as janelas da alma.

Seus olhos dizem quem você é e o que está vendendo.

Fale para uma pessoa, não para muitas, olhando nos olhos dela.

Seu olhar

Em todos os momentos de um relacionamento de negócios, você faz justamente o que o termo sugere: se relaciona.

Você não se relaciona com uma pessoa se está concentrado em uma página, lendo durante uma apresentação.

Também não se relaciona se está concentrado em uma tela, um arquivo de PowerPoint.

Ou olhando para um lado da sala, e não para o interlocutor.

Ou olhando para algumas pessoas, mas não todas.

Sempre que você desvia seu olhar, convida as pessoas a também desviarem o delas e a ter a reação instintiva de: "O que essa pessoa está escondendo?"

"Por que está com medo de olhar para mim?"

Quem estuda linguagem corporal aprende que somente os mentirosos patológicos conseguem olhar nos olhos dos outros quando mentem. Todos nós sabemos instintivamente disso, motivo pelo qual usamos uma frase comum quando tememos que alguém não esteja nos dizendo a verdade.

"Diga isso olhando nos meus olhos." Para inspirar a verdade, você deve olhar nos olhos das pessoas.

Olhe nos olhos. Constantemente.

Como fazer um excelente discurso de dez minutos

Escreva um discurso de vinte minutos.

Corte a metade mais fraca: as histórias mais fracas, as palavras desnecessárias, a metade que você menos gosta.

Então corte um minuto e faça um discurso de nove minutos.

Você o fará com mais intensidade e energia, porque tem menos tempo. Isso o tornará mais inspirador.

Seu material parecerá mais interessante e convincente.

O melhor de tudo é que o público ficará impressionado se você terminar um pouco mais cedo. Achará que é organizado, sucinto, confiante e respeita o tempo dos outros. Você permitirá às pessoas chegar à hora marcada em suas reuniões ou as ajudará a recuperar tempo perdido, do qual as reuniões sempre precisam.

As pessoas sentirão que você respeita as necessidades delas em vez de satisfazer seu ego.

Em resumo, você causará uma boa impressão.

Ao falar, como em tantas coisas na vida, menos é mais.

Como fazer um excelente discurso de trinta minutos

Fale por 22 minutos.

Por que os discursos devem ser curtos

Porque as pessoas têm menos tempo e aprenderam que podem obter informações valiosas em minutos.

Elas também foram condicionadas pela televisão. A cada 12 minutos um comercial lhes permite fazer uma pausa.

Uma expressão familiar sugere o valor que as pessoas dão à brevidade: "rápido e rasteiro".

Para o público, o discurso rápido é melhor.

Mantenha-o curto.

Atraia o fundo da sala

Às vezes você precisa estender seu olhar na direção das árvores. Com um pouco de prática, consegue.

Os grandes artistas têm esse dom, como foi claramente demonstrado no Greek Theatre, em Los Angeles, no verão de 1968.

O grande artista era o cantor Harry Belafonte. Até mesmo os estudantes universitários da época de *Sgt. Pepper* presentes, que não tinham muito a ver com calipso, sentiram a magia de Belafonte.

Para você entender o dom dele, imagine um anfiteatro ao ar livre com uma arquibancada que vai quase até onde sua vista alcança. Erga os olhos e verá acima e atrás do anfiteatro outra fileira: de grandes carvalhos.

Olhe mais atentamente e perceberá que as árvores não estão vazias. Pelo menos cinqüenta pessoas estão sentadas nelas para assistir ao show de Belafonte.

Talvez você nunca tivesse notado as pessoas nas árvores se o Sr. Belafonte não houvesse falado em voz alta para elas várias vezes. Com seu carinho e charme únicos, o Sr. Belafonte brincou várias vezes com esse grupo, ao qual deu um nome especial: os Estudantes.

Eles eram estudantes universitários bolsistas que não podiam pagar nem mesmo por lugares na última fila da arquibancada. Mas subiram alegremente nas árvores para ver esse artista ímpar. Ele ficou comovido e os comoveu.

Na oratória, você poderia ouvir falar nisso como "atrair o fundo da sala".

Aonde quer que vá, seja a uma grande festa ou apresentação, atraia toda a sala — a começar pelo fundo. Isso não é "trabalhar uma sala" ou se tornar seu centro — mesmo quando, como em uma apresentação, você está literalmente em pé no palco central. Os melhores artistas e as pessoas mais eficazes atraem os outros para o palco central, mesmo enquanto estão nele.

Para ter uma prova direta disso, descubra quando será a próxima vez em que a comediante Paula Poundstone aparecerá na televisão (tipicamente em Comedy Central, é claro). Paula possui o dom de improvisar, hilariamente, em uma fração de segundo. Mas você também notará como ela atrai os outros.

Ao tornar o público parte de sua apresentação, ela cria uma experiência especial.

Você também pode e deve criar.

Mesmo quando estiver no palco — e especialmente nesse momento — compartilhe-o.

A generosidade, o entusiasmo e a sensação de conexão humana tornam um bom momento melhor e você muito mais eficaz.

Olhe para as árvores.

Piadas

Depois de assistir a algumas palestras você pode achar que há uma regra básica: começar com uma piada. Aparentemente, isso anima o público.

Com esse insight, você procura piadas. Quando é chamado a falar, apresenta algumas dessas pérolas. O público ri, confirmando que a técnica funciona. Mas raramente isso é verdade.

O público ri não porque quer rir, mas porque você quer que ria. Também ri porque admira sua disposição de dividir o palco com todos; o medo de falar em público é uma das fobias mais comuns, mais do que a de morrer e a de cobras. As pessoas não querem que logo no início você fique paralisado, como elas ficariam. Então riem para lhe dar força.

Também riem porque nossa cultura as condicionou a isso. Desde pequenas ouvem risos em todas as situações engraçadas e aprendem: "Ria ao ouvir uma piada."

Contudo, quando você tenta contar uma piada, atravessa um campo minado. Compete na mente do público com Chris Rock, Jerry the Cable Guy e Ellen Generes, que estão dia e noite na TV. Esses profissionais praticaram por milhares de horas. Aperfeiçoaram-se, enquanto você só está engatinhando.

O mais importante é que, quando as pessoas ouvem esses comediantes, nunca suspeitam que contam piadas alheias. Os comediantes contam suas próprias histórias, expõem suas experiências e opiniões, dizem quem são, o que pensam e no que acreditam. Eles o envolvem, porque você se interessa pelas pessoas em parte porque lhes ensinam sobre si mesmo.

Quando você conta uma piada que descobriu, não está se revelando. Só está repetindo a piada de outra pessoa. Para piorar ainda mais as coisas, a maioria dos oradores finge que suas piadas realmente os envolvem. "Ontem minha mulher me disse, Frank..." As pessoas ouvem a piada até o final e depois percebem que foi engraçada demais para realmente ter acontecido com esse amador; ninguém tem uma mulher assim *tão* engraçada.

Essas pessoas concluem, pelo menos inconscientemente, que o orador usou um truque. Sentem-se enganadas.

Você não pode competir com profissionais e não pode parecer enganador.

Cuidado com as piadas.

A única piada que funciona

Piadas de loura, português, estudante — a lista é interminável — são feitas à custa dos outros.

Na verdade, dizem que para cada dez piadas são feitos cem inimigos.

Contudo, as pessoas adoram uma piada particular: sobre você mesmo.

Quando você faz piadas sobre si mesmo, sai do palco para a platéia. Anuncia: "Eu estou aqui em cima, mas na verdade estou com vocês."

Em busca de humor, examine sua vida. A maioria dos grandes cômicos modernos são observadores; apenas olham ao redor e vêem o quanto podem ser, como todos nós, bobos, ridículos, engraçados ou meramente humanos.

As pessoas adoram o humor da vida cotidiana — porque também é o delas — e quem consegue descobri-lo. Sua sagacidade sugere calor humano e lhes permite ver dentro de você. Contrastantemente, as outras piadas só lhes dizem que você leu um livro de piadas e decorou uma ou duas.

Faça piadas sobre si mesmo.

Os perigos do PowerPoint

Munidos da informação — fornecida pelos fabricantes — de que os seres humanos vêem muito melhor do que ouvem, os executivos americanos mudaram o país.

Agora vivem na Nação do PowerPoint.

E criaram um problema, como ilustram as histórias a seguir.

Cuidado com os slides.

Ajuda para a compreensão?

Uma multinacional sediada no Colorado mudou de nome em 2002. Após três anos de sólido crescimento, eles decidiram descobrir como realmente estavam se saindo.

Particularmente, queriam saber: "Nós nos tornamos mais conhecidos, e se nos tornamos, pelo quê?"

Quando os pesquisadores perguntaram a possíveis clientes, "Que empresas vocês conhecem nesse ramo?", um número surpreendentemente pequeno disse o nome da empresa do Colorado. Quando foi mencionado o nome da empresa, um acrônimo de três letras, a resposta também foi desanimadora. Muito poucos o reconheceram.

O que esses possíveis clientes reconheceram? Com uma freqüência tão surpreendente quanto seu silêncio a respeito do nome, eles responderam: "O Globo."

A empresa usava como símbolo um globo azul menor do que seu nome preto destacado em negrito. Certamente o nome era mais memorável do que um símbolo tão comum como um globo!

Mas não era.

Por que os possíveis clientes se lembravam do globo mas não do nome? Afinal de contas, eles liam e ouviam o nome, que parecia maior e mais visível, com mais freqüência do que viam o símbolo. Era mais "visual". As pessoas viam o nome representado ou, como você poderia dizer, "visualmente".

Elas não conseguiam se lembrar dele porque palavras *não* são visuais; palavras são palavras. Estudos mostram que nos lembramos mais das palavras traduzindo-as em imagens visuais. Por exemplo, quando ouvimos a palavra "burro", não vemos as letras b, u, r, r, o.

Em vez disso, vemos o animal.

Pelo mesmo motivo, tentamos nos lembrar de conjuntos de letras — não conseguimos visualizá-las. Por exemplo, nós nos lembramos de "pingüim" porque podemos visualizá-lo. Mas não conseguimos nos lembrar de PNG ou da frase "os esforços de regulamentação ambiental foram prejudicados".

Isso nos leva à falácia da apresentação em PowerPoint. Nós presumimos que, se um apresentador reforçar uma mensagem com um slide e palavras-chave, nos lembraremos mais da mensagem. Não nos lembraremos, porque as palavras não são imagens visuais.

Mostre um globo e as pessoas se lembrarão dele. Mostre um conjunto de palavras e se esquecerão delas.

Cuidado com a ajuda visual.

Ajuda visual, sim.
Ajuda para a memória, não

Isso aconteceu em um encontro nacional de vendas em Atlanta, mas sem dúvida ocorreu nesse dia em Houston, Detroit, e até mesmo Dubrovnik.

Um diretor nacional de vendas de uma empresa Fortune 200 revia um ótimo ano e previa o seguinte. Bem equipado com slides que desapareciam gradualmente, espiralados, recortados e colados, exibia gráficos de barras e setores impressionantes em muitas cores vivas.

No final da apresentação, dois pesquisadores pararam quatro pessoas presentes para testar sua tese. Tendo visto de antemão os slides, decidiram testar o quanto sua comunicação fora boa.

Eles perguntaram às pessoas: "Quais eram os obstáculos-chave na América do Sul? Quais foram os produtos mais e menos vendidos? Qual foi o aumento da receita projetado para o próximo ano?"

As pessoas responderam corretamente 30% das perguntas — mas elas sabiam várias dessas respostas antes da apresentação. Nenhuma das quatro conseguiu mencionar mais do que um obstáculo; o apresentador mencionara cinco.

Contudo, o diretor de vendas havia apresentado as informações "visualmente" — usado ajuda *visual*. As pessoas deveriam ter retido 70% das informações, se os estudos sobre ajuda visual para a memória estivessem corretos. Esses estudos podem ser confiáveis, porém se aplicam a "informações visuais": imagens, em vez de conjuntos de letras, palavras e números em uma tela.

Mas ainda há mais. Os pesquisadores foram um passo adiante. Fizeram as mesmas perguntas ao diretor de vendas.

Como era de se esperar, ele acertou muitas das respostas. Notavelmente, lembrou-se dos produtos mais e menos vendidos (os seres humanos tendem a se lembrar dos extremos, mas não do que é mais comum). Contudo, mencionou os outros cinco produtos na ordem errada. Sua explicação foi simples, porém reveladora.

"Eu tinha todas essas informações em meus slides."

Pense no que ele disse. Disse que não precisava conhecer as informações porque já as tinha. Mas não as guardara na mente, onde poderiam influir em suas decisões. Ele as tinha em slides, em seu arquivo.

Nós não só nos fiamos erradamente em que os slides nos ajudarão a transmitir nossas mensagens como acreditamos que criar slides nos deixa com o conhecimento necessário. "Eu conheço e compreendo esse material", presumimos, "porque o coloquei em slides."

Ao que parece, os slides falham não só com os ouvintes como também com os oradores.

A ajuda visual diminui regularmente a compreensão que todos têm do material.

Onde os slides falham mais claramente

Nós deixamos o mais importante para o final. Os slides não falham apenas porque tendem a produzir apresentações que não envolvem os ouvintes com o material e o apresentador, ambos cruciais para a eficácia da apresentação. Também falham porque privam a apresentação do que a torna mais eficaz: um coração.

Uma ilustração clara disso vem de New Orleans, na esteira do furacão Katrina, em 2005. Depois do desastre, foi dito que todos sabiam o que aconteceria.

Contudo, não sabiam.

Para entender como isso poderia ocorrer, imagine-se ouvindo uma apresentação sobre como New Orleans estava preparada para emergências, seis meses antes do Katrina.

Imagine este slide:

Temas em questão:

1. Adequação dos diques
2. Fluxo reverso em Pontchartrain
3. Outras questões de infra-estrutura

Dá para sentir imediatamente o problema. A sobrevivência da cidade, como mais tarde descobrimos, para nosso horror, era uma questão de vida e morte. Mas esse perigo, essa emoção, é transmitido nesse slide?

Pelo contrário, *é obliterado por ele.*

Pergunte a organizadores de encontros o que desejam de uma apresentação. Desejam repercussão emocional — que as pessoas sejam inspiradas, motivadas e entretidas, que as palavras cheguem até suas almas.

Longe de incentivar isso, uma apresentação de slides obriga o apresentador a criar pontos de dados destituídos de qualquer contexto emocional.

Imagine Martin Luther King no Washington Memorial naquele dia, com suas palavras magicamente projetadas no Washington Monument para todos lerem:

---

1. EU TENHO UM SONHO

  a. Vida melhor
  b. Igualdade racial
  c. Poder ver a Terra Prometida

Isso nos leva a um último ponto aparentemente inevitável. Lincoln, em Gettysburg, Ronald Reagan, no Muro de Berlim, ou qualquer outro grande orador na história teria se saído melhor se só usasse ajuda visual?

Os discursos do Estate of the Union teriam mais impacto se os presidentes usassem PowerPoint?

Nossas palavras se tornam mais poderosas com o uso de slides que não têm coração e alma?
Então por que os usamos?

Tenha um motivo muito bom para usar "ajuda visual".

Como saber que você fez uma ótima apresentação

"Eu gostaria que ela tivesse falado mais."
Deixe as pessoas querendo ouvir mais e terá vendido algo: um segundo encontro com elas.
Todos os dias, centenas de apresentadores têm os ouvintes nas mãos. Mas tentam falar mais, arrancar mais algumas risadas, ser por mais alguns minutos o centro das atenções.
E as pessoas começam a ir embora.
Resista a isso e elas se lembrarão bem de você e ansiarão por ouvi-lo novamente.

Não seja apenas breve. Seja mais breve.

DE ROBIN WILLIAMS A DR. JEKYLL: RELACIONAMENTOS

A lição na insensatez dos democratas

George McGovern, Michael Dukakis, Al Gore e John Kerry se prepararam cuidadosamente, revelaram considerável inteligência e tentaram demonstrar que eram muito bem-informados.

Os eleitores rejeitaram todos os quatro.

Os poderes no Partido Democrata agem constantemente como se a corrida para a presidência fosse um teste de avaliação de conhecimentos. Encontre o candidato que pelo menos pareça ser o mais inteligente — que possa falar sobre política baseado em dados e tenha o melhor conhecimento das políticas econômicas dos últimos cinqüenta anos. Os democratas acham que a vida é como a universidade e o melhor aluno merece o Grande Emprego.

(Aparentemente os democratas mais velhos se esqueceram de Adlai Stevenson e os mais jovens nunca ouviram falar nele. Muitos eleitores notaram que Stevenson tinha cérebro e consideraram isso um ponto fraco, apelidando-o de "Cabeça de Ovo".)

Os republicanos vêem as pessoas de um modo diferente. Acham que os eleitores não compram os candidatos que demonstram ter inteligência superior e conhecimento de fatos relevantes. Acham que compram aqueles de quem gostam.

Assim, os democratas continuam a escolher oradores de turma e estudiosos, enquanto os republicanos escolhem os reis do baile — um grupo do qual

Ronald Reagan era um representante clássico. Os especialistas o chamavam de "Grande Comunicador". Os democratas também se referiam desse modo a ele, mas com desprezo. "Ele é um comunicador, não um pensador", diziam, e iam à procura do próximo Homem Realmente Brilhante.

Pouco tempo atrás, os democratas tiveram sorte. Escolheram um homem provavelmente brilhante — como todos sabem, o comitê da Rhodes Scholarship valoriza muito essa qualidade. Mas Bill Clinton também sabia o que os republicanos sabiam: que como todos os compradores, os eleitores querem alguém com quem possam se relacionar. Então Clinton tentou se relacionar com eles e foi bem-sucedido; falou sobre pessoas comuns e problemas diários com um sotaque de Arkansas. Foi o único candidato democrata em décadas que pensou em dizer: "Eu sinto sua dor."

Por que as pessoas escolhem você e não outra pessoa? É por sua mestria? Ou porque algo em você ressoa nelas?

Escolhemos pessoas emocionalmente ressonantes porque preferimos a companhia delas — mesmo que seja apenas via coletivas presidenciais à imprensa televisionadas. Nós as escolhemos por seus espíritos, porque mesmo os mais desapaixonados de nós têm alma, e é nela que habitamos.

Compramos o quanto você é bom. Mas presumindo que seja um dos vários candidatos que consideramos capazes, não compramos o quanto é bom no que faz.

Compramos o quanto é bom em ser quem é.

Cultive sua mestria, mas também o resto de você.

Toda venda é emocional

Primeiro evoluímos emocionalmente e ainda somos emocionais, sub-racionais, intuitivos e instintivos. Colocando isso de um modo mais simples, que repetidamente ignoramos, somos animais.

Na verdade, somos tão animais que compartilhamos 98% de nossos genes — 49 de cada 50 — com os chimpanzés. Somos, como Desmond Morris escreveu de maneira memorável, *O macaco nu*.

Isso significa que se tudo o que você der às pessoas for motivos para contratá-lo, comprar seus serviços ou contribuir para sua causa, só agradará a uma pequena parte da mente delas. Distorcendo a letra de uma velha canção, o osso da cabeça está conectado ao osso do coração. As emoções não operam separadamente do raciocínio e, freqüentemente, o dominam. Elas mudam o pensamento: os pesquisadores podem demonstrar isso através de exames cerebrais.

Nós pensamos com todo o nosso corpo e ser, e você também deve agradar a ambos.

Chegue à cabeça através do coração.

O que as pessoas mais desejam de você

Nossas necessidades primárias são de alimento, abrigo e roupas. Mas a maioria das pessoas já as satisfez. Substituíram-nas por desejos, dos quais o maior é o de se sentir apreciadas.

Depois disso, desejamos e exigimos — como você pode ver no mais alto relevo no filme *O poderoso chefão* — respeito. Esse desejo profundo se manifesta nos ataques de raiva: no trânsito, em filas e aeroportos.

A raiva sempre surge quando alguém age desrespeitosamente. "Como ousa?" é o pensamento óbvio quando Don Corleone ordena um assassinato ou um motorista buzina irritadamente para alguém que o ultrapassou no trânsito. Nesses casos, o que queremos dizer não é: "Como ousa?"

É "Como ousa *fazer isso comigo*?"

Nosso desejo de respeito nos leva a outra exigência de nossa era: de boas maneiras. Parece triste e desnecessário ter de mencionar o declínio na civilidade. Vinte anos atrás, na maioria das cidades americanas, os motoristas precisavam ver o sinal verde para saber quando acelerar. Hoje não precisam mais. Quando demoram apenas um pouco para acelerar, os motoristas que estão atrás os avisam tocando suas buzinas.

Daqui a trinta anos veremos filmes com buzinas, sons ainda mais altos saindo das janelas dos carros e pessoas gritando pelo telefone celular e saberemos que o filme se passa em algum momento em 2007. Mas como todas as epidemias, essa representa um problema e uma oportunidade.

A pessoa com boas maneiras é bem tratada e tida em alta conta, e o desejo fundamental que você deve satisfazer é o seu mais forte: de ser tratado como alguém importante.

Respeite o desejo que todos têm de se sentir importantes.

O momento-chave em todo relacionamento

É o primeiro.

Pesquisas de empresas de serviços mostram repetidamente que o ato que mais influi na satisfação das pessoas é o de saudar. Em uma pesquisa, 96% dos clientes que afirmaram se sentir "bem-vindos" ao entrar no escritório de uma empresa disseram que tinham ficado "muito satisfeitos" com sua experiência geral.

A saudação não só faz um relacionamento começar bem como emoldura toda a experiência. Quem a recebe se sente mais envolvido, o que por sua vez envolve quem a fez em um círculo virtuoso.

Aperfeiçoe sua saudação: seu modo de cumprimentar os outros e de atender ao telefone. E não deixe de examinar sua resposta automática de e-mails. Também parece acolhedora?

Aperfeiçoe a saudação.

Tudo de que precisamos é amor

Da mesma forma que as universidades insistem em que os professores escrevam regularmente, "publiquem ou pereçam", William Zinsser certa vez observou que você aprende mais escrevendo do que lendo.

Você não escreve apenas sobre o que sabe, mas também sobre o que descobre ao escrever. A escrita leva a mente a fazer conexões que se tornam linhas de pensamento.

Falar também é uma experiência que aumenta muito a compreensão. Não é fácil para ninguém, e a idéia de fazê-lo apavora milhões de pessoas. Mas sempre que você fala aprende.

Um exemplo claro disso foi uma palestra em março de 1997, em Upper East Side, Nova York, durante uma apresentação organizada pela Learning Annex.

O orador se concentrou nas motivações emocionais por trás das decisões de compra das pessoas. No momento da palestra, o medo era um tema favorito. Explicava, por exemplo, por que um jovem casal viajando de Tampa para Orlando para visitar o Disney World pararia em um restaurante conhecido como o Burger King em vez de em um menos conhecido com refeições e serviço melhores. Temendo uma má experiência no restaurante menos conhecido, eles escolheram um fast-food mais do que comum.

No final da apresentação, uma mulher levantou a mão para perguntar: "Você fala sobre medo, insegurança, desejo de conforto e outras emoções. Mas e quanto ao amor?"

O orador logo se deu conta de que quando alguém responde, "Essa é uma pergunta intrigante", isso significa, "Não tenho a menor idéia de como responder, mas talvez possa ganhar tempo."

Mas no mesmo instante em que ganhou tempo ocorreu-lhe a resposta.

"Meu trabalho é com clientes que amo", disse ele. "Tudo o mais é apenas fluxo de caixa."

Contudo, esse não foi o insight-chave, por mais que tivesse sido importante ele perceber que o trabalho pessoal e os relacionamentos são algumas das maiores recompensas. O insight-chave, durante os anos que se seguiram, foi sua compreensão do papel notável do amor no trabalho.

Todos querem se sentir amados. Até mesmo uma pessoa que, devido à sua formação, presumivelmente seria a última a usar a palavra "amor" para descrever do que precisava no trabalho: um engenheiro.

Esse engenheiro em particular estava descrevendo um acontecimento comum para seus clientes — os muitos dias em que o representante de seu prestador de serviços estava "na área". O engenheiro falava para centenas de clientes quando descreveu essa experiência.

"Eu gosto de pensar que sou seu único cliente", disse memoravelmente. "Por isso, quando você estiver na minha área e for visitar outra pessoa, quero que pelo menos passe por aqui para me dizer olá."

Ele foi ainda mais longe. Acrescentou: "Não estou impressionado por você ter outros clientes. Quero ser seu único."

Essa não é a linguagem do amor? Como diz a letra de uma canção: "Eu quero ser seu único."

Nós queremos nos sentir importantes, até mesmo amados. A mínima desconsideração pode nos aborrecer.

Nós queremos nos sentir amados, não importa o quanto escondamos esse fato.

A importância da importância

Há grandes egos. Mas não há egos invulneráveis.

Todas as pessoas são frágeis.

Todo ego tem um calcanhar-de-aquiles. Pense, por exemplo, em uma das mulheres mais bem-sucedidas e aparentemente indomáveis dos últimos cinqüenta anos: Katharine Graham, editora do *Washington Post*.

Durante sua gestão, o *Post* se tornou um dos jornais mais conceituados do planeta. Mudou o mundo, ganhou Pulitzers e bilhões de dólares, muitos dos quais foram para a Sra. Graham.

No final de sua gestão, Graham tinha dinheiro, fama, poder, a solicitude de milhões de pessoas, fãs, bajuladores e amigos apaixonados.

Contudo, continuava a ser como todos nós: capaz de se ferir com o menor deslize. Ela o admitiu.

Apesar de toda a atenção que recebia, a Sra. Graham não conseguia tolerar que alguém — por um motivo inocente — escrevesse seu nome errado. (Ponha-o no Google e verá esse erro repetido muitas vezes.)

"Por que as pessoas não se dão ao trabalho de descobrir como se escreve meu nome?", perguntava-se. É razoável supor que Katharine nunca se esquecia desse erro ou das pessoas que o haviam cometido.

Não importa o que elas tentassem lhe vender, mesmo se fosse apenas um ponto de vista, não conseguiam.

Elas não se importam o bastante comigo, pensava a Sra. Graham.

Apesar de ser uma das pessoas mais importantes do mundo, essa desconsideração a fazia se sentir sem importância.

A história do futebol universitário poderia ser diferente se o treinador da Ohio State University, John Cooper, tivesse conhecido a "Lição de Katharine Graham". Em 1999, ele ouviu falar em um aluno do último ano da escola secundária que, em seu primeiro ano de futebol, tinha sido o zagueiro da Findlay High na segunda rodada dos jogos decisivos da Ohio State. Cooper foi conhecer o jovem e o incentivou a ir para a Ohio State. O jovem poderia ter ido, mas achou que o treinador não poderia estar assim tão interessado nele: Cooper o chamara repetidamente de "Rothberger".

Seu nome era Ben Roethlisberger e, em seu segundo ano como jogador profissional, levou o Pittsburgh Steelers à vitória no Super Bowl XL.

Faça as pessoas se sentirem importantes.

O que as pessoas querem?

Pergunte a vários clientes de empresas de serviços: "Por que você continua a trabalhar com essa pessoa e empresa?"

Você presume que sabe a resposta. Devido à sua *qualificação*. Eles gostam de trabalhar com pessoas qualificadas.

A julgar pela propaganda, os clientes devem adorar qualificação. Anúncios e folhetos salientam repetidamente o "compromisso da empresa com a excelência". Certamente os clientes procuram as empresas mais qualificadas e lhe serão fiéis se demonstrarem seu talento.

Mas esse não é o motivo pelo qual a maioria dos clientes continua a trabalhar com empresas de serviços, ou com você. A qualificação é o requisito mínimo e elas presumem que muitas pessoas a tenham. Em vez disso, a resposta é uma palavra. Você a ouve dos clientes mais do que todas as outras palavras juntas.

A palavra é *conforto*.

Essa resposta é desanimadora para as empresas. Elas querem acreditar, e freqüentemente acreditam, que são as melhores. Mas há evidências esmagadoras de que os clientes não escolhem a "melhor" empresa. Se escolhessem, uma empresa em cada ramo teria um monopólio.

Entre outros motivos, os clientes nunca se sentem convencidos, mesmo depois de longos estudos, de que têm todas as informações de que precisam para decidir qual poderia ser a melhor. Por exemplo, ouviram pessoas se referindo a algumas empresas como líderes, mas uns poucos colegas e amigos as fizeram questionar isso. Eles nem mesmo entrevistaram todas as possíveis candidatas ao título de "melhor".

Os clientes não podem decidir conclusivamente qual é a melhor. Esse é o mesmo problema que você enfrenta quase todas as semanas.

Você nunca tem certeza de qual é a melhor máquina de café, a melhor empresa seguradora, a melhor lavadora a seco, o melhor veterinário, o melhor contador — ou das milhares de escolhas que faz durante toda a sua vida.

Você nunca faz a melhor escolha. Não maximiza, como insistem em dizer os especialistas em tomada de decisões. Em vez disso, "se satisfaz". Escolhe o que o faz se sentir bem. Ou, repetimos, faz a escolha *confortável*. Quase todos com quem entra em contato também o fazem.

Pense nas palavras que usa quando faz uma escolha desse tipo. Como a explica? Você não a explica. Suas palavras não são racionais, mas emocionais.

"Isso pareceu certo."

Por esse motivo, vale a pena resistir ao conselho de primeiro "qualificar o líder" ou "identificar o que é importante para eles", ou quaisquer outras primeiras coisas recomendadas. Em vez disso, antes de tudo se certifique de que a outra pessoa está confortável. (Vários passos discutidos nas partes a seguir podem ajudá-lo.)

Se a primeira coisa que você fizer não for tornar a pessoa confortável, provavelmente será a última que fará.

Um relacionamento começa com conforto.

A corrida é vencida pelos mais rápidos

Alguns anos atrás, uma associação de profissionais fez uma pergunta simples:

"O que os clientes valorizam mais?" As respostas forneceram outro vislumbre revelador do que as pessoas valorizam nos relacionamentos.

Quando a associação encomendou esse estudo de mais de trezentos clientes, os organizadores presumiram que vários temas se destacariam. O primeiro seria o do preço. Há mais de um ano esse assunto era discutido naquele ramo. Para economizar dinheiro, muitos clientes estavam realizando o trabalho internamente. Portanto, o preço certamente seria um dos três motivos para os clientes continuarem a trabalhar com uma empresa.

Mas não: ficou em nono lugar.

Sendo profissionais com diplomas avançados e certificações oficiais, os membros da associação estavam convencidos de que as habilidades técnicas poderiam ocupar uma posição de ainda mais destaque. Afinal de contas, os clientes contratavam constantemente estudantes de mais alta graduação, que demonstravam mais aptidão técnica. A habilidade técnica certamente ficaria no máximo em segundo lugar.

Ficou em *oitavo*.

O que ficou em primeiro lugar?

"O interesse que o indivíduo demonstrou em desenvolver um relacionamento duradouro comigo e com minha empresa."

Mas talvez o mais interessante de tudo tivesse sido o que ficou em segundo lugar:

"A rapidez com que respondem a meus telefonemas."

Ninguém esperava essa resposta ou pôde explicá-la. Felizmente, isso não foi preciso. Os próprios entrevistados a explicaram.

Durante o acompanhamento, os entrevistadores perguntaram àqueles que tinham posto a "rapidez do retorno" no alto de suas listas: "A pessoa precisa responder à sua pergunta quando retorna seu telefonema?"

Os entrevistados responderam que não. Seus comentários seguintes finalmente desvendaram o mistério e a emoção por trás dessas respostas inesperadas.

Descobriu-se que tudo o que os entrevistados queriam era que o profissional retornasse prontamente seus telefonemas. Não esperavam que resolvesse de imediato o problema ou respondesse rapidamente suas perguntas. Só queriam o que quase todo mundo quer.

Eles queriam se sentir importantes para a outra pessoa.

A resposta rápida é desejada pelo que transmite: "Você é importante para mim."

Muitas pessoas percebem isso, pelo menos subconscientemente. As palavras escolhidas para suas mensagens eletrônicas fornecem essa pista. *"Seu telefonema é importante para mim*, por isso por favor deixe sua mensagem..."

As pessoas com as quais você lida são desconsideradas todos os dias, tratadas com desdém por atendentes e mantidas esperando em filas em aeroportos e repartições públicas.

Em um mundo cheio de indiferença, qualquer gesto que lhes diga que elas são importantes parece uma dádiva.

Responda rapidamente. Faça tudo rápido.

Tudo o que você precisa saber sobre integridade

"Sempre faça o certo. Isso agradará a algumas pessoas e surpreenderá o restante."
— MARK TWAIN

O outro conhecimento mais importante

Um escritório de advocacia se transformou do sonho de seus fundadores no sonho de emprego dos advogados recém-formados da região em menos de 15 anos, devido à sua promessa única.

Desde o início, Greene Espel disse aos possíveis clientes que não tentaria resolver todos os problemas legais. "Nós nos especializamos em sete áreas", afirmava o escritório em seus anúncios e folhetos. "Se seu problema não está em nenhuma delas, nós o ajudaremos a encontrar o melhor advogado ou o escritório para resolvê-lo."

Quinze anos depois, pode-se andar pelo centro de Minneapolis e encontrar pessoas que conhecem o escritório de Espel. Mencione-o e um número surpreendente delas lhe dirá:

"Ah, sei. É aquele que indica o escritório certo se não pode resolver o problema."

Ninguém pode dominar tudo. Nenhuma pessoa, nenhum produto ou serviço — inclusive o seu — pode ser para todos. Posicione-se como a solução para quase tudo e todos o verão como a solução para nada. As pessoas querem especialistas.

Mas você pode, como o escritório de advocacia, oferecer algo valioso nesta era de tantas escolhas, tantas pessoas e tantas soluções possíveis.

Você pode ser uma *fonte*, alguém capaz de resolver o problema ou encontrar quem resolva. Também pode ser quem tem — ou sabe quem tem — aquilo de que as pessoas precisam.

Estude seu ramo e outros relacionados. Aprenda os nomes dos especialistas e formadores de opinião.

Os grandes prestadores de serviços são completos. Como o escritório de advocacia, *sabem como e quem*. Podem ajudá-lo ou conhecem alguém que pode.

Saiba como e quem.

Como fracassar

Uma mulher foi convidada a falar sobre oratória.
Vamos parar bem aqui. Você já sabe qual é a dinâmica envolvida. Ela deve ser reconhecidamente capaz de falar com discernimento sobre esse tema. Para ter sido convidada, deve ser uma boa oradora há anos e, portanto, ter uma vida confortável e talvez até mesmo excepcional.

Você, a mulher e o público sabem disso. É por esse motivo que estão ali.

O que as pessoas querem saber é *como* ela conseguiu isso.

Como a mulher conquistará esse público? Para conquistar de uma a mil pessoas, primeiro você deve estabelecer uma *afinidade* com elas, encontrar um ponto em comum.

Você entra no escritório de alguém e deseja ser convincente. Vê na estante um livro sobre os índios do noroeste. Menciona-o e menciona sua paixão pelo famoso discurso do chefe Joseph, dos Nez Percé, e suas inesquecíveis palavras finais: "Eu nunca mais lutarei." Sua paixão é genuína, como o é a afinidade que cria ao descobrir esse ponto em comum.

Você também estabelece um ponto em comum se colocando nele. Pode estar falando em um palco elevado, mas se insistir em manter essa distância entre você e o público ela persistirá durante a apresentação — e por anos depois.

O que a oradora fez? Em vez de diminuir a distância, a aumentou.

"Ontem meu contador me disse que posso me aposentar agora; essa foi uma boa notícia." O que ela disse foi: "Eu ganhei muito dinheiro fazendo isso, portanto ouçam atentamente."

Ou talvez tivesse realmente dito: "Eu ganhei muito dinheiro. Não sou especial?"

A oradora não falou sobre o público, aplaudiu a si mesma. E sua mensagem foi desnecessária. O público sabia de seu sucesso. Era por isso que estava ali.

As pessoas não queriam ouvir o quanto ela era boa. Queriam ouvir o quanto *elas* poderiam se tornar boas ouvindo seus conselhos.

E não queriam ser lembradas do quanto ela era bem-sucedida. Isso só as lembrava de que, por alguma razão, estavam aquém das expectativas.

As pessoas não querem ouvir o quanto você é bom. *Querem ouvir o quanto podem ser boas e como você pode ajudá-las.*

Chegue ao ponto em comum e elogie os outros, não a si próprio.

Ponto em comum

Pergunte a um grupo de vendedores: "Você já ouviu falar em um ex-fuzileiro naval que telefonou para outro fuzileiro naval e não fechou um negócio?"

Todos farão um sinal negativo com a cabeça.

Tampouco ouviram falar em um só graduado em Notre Dame ou membro da irmandade Delta Gamma que telefonasse para um afim e não estabelecesse um relacionamento bem-sucedido.

Para fechar um negócio, primeiro encontre um ponto em comum. As sobreviventes de câncer de mama sabem disso; elas lidam preferencialmente umas com as outras do que com quem não tem esse ponto em comum. Ocorre o mesmo com os nativos de Montana que vivem no leste, os gregos que vivem na América, e assim por diante — a lista é interminável.

Sentimo-nos confortáveis — a chave para um relacionamento bem-sucedido — com quem é mais parecido conosco. Estudos de animais mostram o mesmo; os iguais constantemente se atraem, enquanto os diferentes são evitados. Pássaros de uma espécie se reúnem em bandos e bicam os de outras espécies.

Nós achamos que conhecemos as pessoas parecidas conosco porque conhecemos algo sobre nós mesmos. Achamos que podemos prever as atitudes e reações delas porque podemos prever as nossas.

Isso faz com que nos sintamos confortáveis.

Como as primeiras impressões influem muito em tudo que vem depois — mais do que a maioria de nós imagina — você deve encontrar rapidamente um ponto em comum. Tente fazer isso antes de realmente conhecer a pessoa.

Faça a sua parte. Conheça as pessoas antes que elas o conheçam. Preste atenção a locais de nascimento (fundamentais para quase todos nós), universidades e hobbies.

Se for ao escritório de alguém, estude-o rapidamente; os livros nas estantes oferecem várias pistas. A *memorabilia* freqüentemente oferece pistas ainda melhores: troféus, fotos de pescarias ou viagens a estações de esqui, desenhos de crianças de 5 anos pendurados nas paredes, símbolos de esportes favoritos.

E se no escritório não houver nada disso? Nesse caso, você está lidando com uma pessoa que é apenas profissional. O ponto em comum pode ser sua paixão por seu trabalho. Saber disso também pode ser útil.

Antes de você conhecer alguém, e nos primeiros segundos depois disso, encontre um ponto em comum.

Adapte-se

Todos os dias, milhões de pessoas são reprovadas em testes de vendas. Estão certas de que tiveram um bom desempenho: foram entusiásticas, convincentes e persuasivas.

Em resumo, pensam como a mulher no café-da-manhã do hotel em Atlanta.

Ela *estava* animada e elétrica. *Esse* foi o problema.

Seu alvo, o homem do outro lado da mesa a quem tentava persuadir a integrar seu quadro de funcionários, operava de um modo diferente — mais devagar e analiticamente. Ele valorizava a paixão, mas sua perspectiva de todo negócio era antes de tudo a de um bom investidor. Queria saber: "Que diferença você faz?"

O erro da mulher não foi deixar de responder a essa pergunta, mas *como* a respondeu.

Ela respondeu rápido, quase no ritmo de Robin Williams. O possível membro do quadro de diretores tornara patente que operava mais deliberadamente. Precisava de informações no ritmo dele.

Mas ela não viu o sinal e continuou, a 120 palavras por minuto.

Não fez o que os grandes vendedores fazem. Não "espelhou e imitou".

Todo possível cliente vive e processa informações em um tempo particular. Uns são valsa, outros rap; uns são *adagio*, outros *presto*.

Para seu possível cliente se sentir confortável, deve se achar parecido com você — e um primeiro sinal de semelhança é o ritmo. Se ele viaja a 50 quilômetros por hora, você deve desacelerar para seguir-lhe o ritmo. Se você escolhe um ritmo mais rápido ou lento, o cliente percebe que não está estabelecendo uma relação com ele ou o compreendendo. Na verdade, parece que você nem mesmo está tentando fazer isso.

A diferença se torna tão grande que ele se desliga.

Você não conseguiu se adaptar a ele. Com isso, comunicou que é diferente dele — diferente demais, conclui o possível cliente.

As pessoas escolhem o que lhes é familiar. Um ritmo familiar — o delas próprias — as conforta.

Para estabelecer um ponto em comum, siga o ritmo de seu ouvinte.

As palavras mágicas do relacionamento

"Obrigado."
"Bem-vindo."
O nome da pessoa.
A quarta? Os nomes dos filhos da pessoa.
As próximas quatro palavras mágicas?
"Vou pegar o cheque."

Use as palavras mágicas.

O que a P&G sabe: cinco minutos antes

É um bom conselho ouvir clientes e possíveis clientes, mas ouvi-los de uma maneira comum só produzirá resultados comuns.

Em vez disso, ouça-os como se sua carreira dependesse disso.

O valor de ouvir intensamente foi revelado em uma rara reunião em Lake Las Vegas, Nevada, na primavera de 2005. Uma das maiores empresas de consultoria convidara a ir ao palco cinco de seus clientes sediados em Nevada para saber o que valorizavam mais nos consultores.

Durante a mesa-redonda de uma hora, os clientes deixaram claro o que as pessoas valorizam em quem contratam. Nenhum comentário foi mais revelador do que o de Doug.

Como todos os clientes, Doug queria se sentir importante para a empresa e os indivíduos que contratava. Ao revelar esse desejo, disse que achava vital que os consultores "se colocassem no lugar dele". Deu um bom conselho: saber não só o que ele queria, mas também como trabalhava. Conhecer as pressões e exigências de seu trabalho.

Para isso, mencionou que desejava que os consultores comparecessem às reuniões de sua diretoria. A maioria das pessoas na platéia ouviu isso e, sendo conscienciosas, anotaram o conselho de Doug: *comparecer a mais reuniões de clientes.*

Mas não era exatamente isso que Doug dissera. Ele dissera algo mais, e mais importante: acrescentara uma palavra.

A palavra era "pontualmente".

Examinando isso, é fácil concluir que chegar a tempo a uma reunião do Nevada Water Board não aumenta sua compreensão dos assuntos da diretoria. Essas reuniões tendem a começar tarde porque pelo menos um membro-chave se atrasa. Como a maioria das reuniões, a dos diretores começa com gracejos, discussões sobre o tempo (muito importante para as pessoas no ramo da água) e a análise de jogos ocorridos na noite anterior. Na verdade, quase sempre as pessoas obsessivamente eficientes chegam às reuniões com cinco minutos de atraso porque poucas começam na hora marcada.

Então por que Doug e praticamente todos os outros clientes no mundo querem que seus consultores sejam pontuais? Não é para que fiquem mais bem informados. É porque a pontualidade do consultor comunica: *esta é a coisa mais importante para mim neste momento.* Não havia outra — com igual ou maior importância — que exigisse minha atenção.

Noventa por cento do sucesso *está* em apenas comparecer: *pontualmente.*

Isso diz para o cliente: "Você é importante para mim." Na verdade, a Procter & Gamble ensina religiosamente sua regra: se você não chega cinco minutos antes, chega cinco minutos atrasado.

Seja sempre pontual.

O poder extraordinário do comum

Por vários motivos, vale repetir que 90% de tudo está em comparecer.

Quando você ouve essas palavras aos 20 anos, elas parecem engraçadas. Você não as leva a sério. Ri.

Perto dos 30, pode se apegar à crença de que o sucesso é conseqüência da mestria. Domine sua habilidade, seja qual for, e o mundo será seu. Você não só comparece como o faz brilhantemente.

Contudo, você acaba percebendo que o humor nisso não está no quanto está longe de ser verdade, mas perto.

Comparecer é realmente muito importante.

Você pode aprender isso ajudando empresas a comercializar serviços. Com o correr do tempo, surge um padrão. Você vê que elas ocupam nichos no mercado e que há apenas umas poucas reais posições de poder.

Em serviços de muitos — e o seu é um serviço de uma pessoa só — surge uma posição especialmente forte e que interessa muito aos possíveis clientes. Nós a chamamos de "O Executor Confiável".

Você pode imediatamente identificar algumas das empresas famosas que ocupam esse nicho. Pode ter pensado novamente nas máquinas de lavar Maytag, graças ao uso inteligente e repetido por décadas de seu ícone — seu técnico. É claro que ele não tem nada para fazer porque as máquinas Maytag raramente precisam de conserto.

Na indústria automobilística, o nicho do Executor Confiável é tão proeminente que, quando a Powers Survey divulga suas descobertas sobre confiabilidade de automóveis, os jornais lhes dedicam longas matérias e posições de destaque. A pesquisa classifica os automóveis em termos de defeitos por mil unidades e é considerada o indicador de qualidade mais confiável. Ano após ano a Toyota tem se saído bem nessas pesquisas e ocupa o nicho do Executor Confiável nos segmentos automobilísticos do mercado médio e de massa. Devido a essa reputação, desperta muito interesse e realiza excelentes vendas anuais.

Os possíveis clientes escolhem repetidamente o Executor Confiável: aquele que comparece e executa bem, mas nunca espetacularmente, dia após dia.

Acima de tudo, as pessoas escolhem o confiável. Esteja lá.

O comum em ação

Um bem-sucedido supervisor administrativo de uma conhecida empresa de consultoria descobriu, após anos de observação, o que acreditava ser as cinco chaves para o sucesso de um consultor. Surpreendente como isso possa parecer, as duas primeiras eram "comparecer pontualmente" e "se certificar de que tem tudo de que precisa para a reunião".

Perguntaram-lhe: "Por que essas duas coisas podem fazer diferença?" Ele respondeu: "Porque todos os dias outros consultores deixam de fazê-las." Ele citou um exemplo recente. Um consultor de uma empresa concorrente compareceu pontualmente a uma reunião com tudo de que precisava — exceto uma coisa.

Ele se esqueceu de levar uma caneta.

Isso não é importante, pensou, e pediu uma emprestada. Três meses depois, seus antigos clientes ainda contam essa história com um misto de assombro e divertimento.

O que ocorre com os grandes serviços ocorre com seu Serviço de Uma Pessoa Só. Você sai da universidade convencido de que sua qualificação lhe trará sucesso. Certamente pode trazer. Mas a história dos negócios é cheia de histórias de pessoas que, na melhor das hipóteses, alçaram vôo, mas não conseguiram se manter nas alturas.

Faça a coisa grande, mas *domine* a pequena. As pessoas consideram a pequena uma prova de sua capacidade de fazer a grande — e tudo o mais. Noventa por cento do sucesso *realmente* está em comparecer.

Ponha os pingos nos is. Nem todos fazem isso.

Jekyll, não Hyde: seja previsível

Às vezes você paga por um conselho valioso. Em outras ocasiões, se tiver sorte, ouve-o em um avião.

Sentado à janela de um avião da United Airlines, o passageiro escuta uma voz que transmite uma rara autoridade. Atraído por ela, esforça-se por ouvi-la.

A voz é de um homem dizendo a uma mulher que é especialista em ajudar empresas a se comunicar com seus funcionários. Pelos seus comentários, é evidente que ele é um estudioso fanático e articulado dos relacionamentos humanos. Pelas perguntas da mulher, dá para perceber que ela também estudou os relacionamentos humanos.

A mulher pergunta: "Qual você acha que é *a* chave para os relacionamentos bem-sucedidos?"

A resposta do homem surpreende o passageiro. Certamente ele não pode estar certo, embora sua formação e convicção sugiram que está.

"Previsibilidade", responde ele. "Nós nos sentimos mais confortáveis com pessoas cujo comportamento podemos prever."

Pense por alguns segundos nessa resposta e as peças se encaixarão. Por previsível, o homem não quer dizer "repetitivo, invariável e entediante", mas que as pessoas se sentem mais confortáveis com quem se comporta de modo coerente e, portanto, que se pode prever.

Você vê nosso medo do oposto, como tantos medos humanos, retratado em uma história famosa: *O médico e o monstro*. Médico em um momento e monstro no outro, Jekyll/Hyde personifica o modelo extremo e clássico do que as pessoas temem: o imprevisível.

Você sabe disso por seus próprios relacionamentos com pessoas imprevisíveis. Elas fazem você se sentir desconfortável. Mas você não se sente desconfortável com quem elas são em seus piores e melhores momentos. Em vez disso, afasta-se delas porque nunca sabe *quem* poderão ser depois.

Elas agem imprevisivelmente, o que o faz se sentir desconfortável. E o conforto é crítico para um relacionamento bem-sucedido.

O adicto é apenas um exemplo extremo de uma pessoa que nos desconforta. Outro exemplo é a pessoa que responde a um telefonema imediatamente e responde ao próximo três dias depois.

Ocorre o mesmo com o comerciante que anuncia que sua loja abre às 9 horas, mas, às vezes, só a abre às 10. Sem ter certeza de quando estará aberta, você acaba indo a outra.

Você é previsível?

Seja estável em relação a horas, hábitos e comportamentos.

Preste atenção ao pessoal de apoio

O currículo do jovem arquiteto prometia que ele se tornaria um astro.

Seus professores elogiavam suas habilidades. Em uma época em que seu ramo sofria uma recessão, sete empresas o convidaram para uma entrevista. Ele escolheu uma e começou sua escalada profissional — que durou apenas alguns meses.

Ninguém havia lhe falado sobre os operadores de máquinas de terraplenagem.

Você aprende sobre a importância deles quando ouve Bill Coore, um famoso arquiteto que projeta campos de golfe. Quando lhe perguntaram como ter sucesso em sua área, ele respondeu: "Conheça os operadores de máquinas de terraplenagem. Conquiste-os, ganhe a confiança deles, convença-os de sua visão e o trabalho subitamente se tornará muito mais fácil."

Na empresa desse jovem, que projetava grandes prédios de escritórios, os "operadores de máquinas de terraplenagem" eram conhecidos como o "pessoal de apoio", um termo que parece igualar as pessoas a muletas.

O termo "pessoal de apoio" induziu o jovem ao erro. Ele presumiu que essas muletas eram para ele, e por um bom motivo: suas conquistas e seu aparente futuro.

E então eles não estavam ali para apoiá-lo. A razão não é difícil de imaginar. O jovem pensou que eram muletas. Eles também acharam que ele pensou isso.

Eles venceram. Disseram aos sócios que o jovem arquiteto era insuportável, desorganizado, descortês, distante, temperamental. Sua lista continuou, com alguns itens exatos e outros sendo as inevitáveis distorções que ocorrem quando os relacionamentos se deterioram.

Na empresa, as secretárias eram o pessoal de apoio. Eram valiosas em uma base diária e indispensáveis naquelas ocasiões em que, por exemplo, o arquiteto percebia que uma cópia heliográfica que deveria ser entregue na sexta-feira na verdade era esperada dentro de três horas. Como entregá-la para o cliente? Você só consegue fazer isso se alguém está disposto a perder o almoço para ajudá-lo.

Em toda parte há pessoal de apoio ao seu redor, usando disfarces que poderiam fazer essas pessoas passar despercebidas. A pessoa que você conhece no avião, por exemplo. É o apoio de um possível cliente, mas também o ouvido do diretor. Cause uma boa impressão nela e logo poderá estar dando um telefonema de vendas.

Há uma velha frase, usada em um contexto diferente, que é um ótimo conselho. "Você precisa de toda a ajuda que puder obter." *Todos nós* precisamos.

Preste atenção ao pessoal de apoio.

O poder dos sacrifícios

O estudo dos relacionamentos humanos mostra que os sacrifícios unem as pessoas.

Nos relacionamentos fracassados, uma ou ambas as partes acham que os sacrifícios estão em desequilíbrio, que estão dando mais do que recebem. Nos relacionamentos bem-sucedidos os sacrifícios parecem — e freqüentemente estão — em equilíbrio.

O primeiro motivo para os sacrifícios é o bem dos relacionamentos. Os sacrifícios criam laços fundamentais para uma vida gratificante.

Mas nós ignoramos facilmente o segundo motivo para eles, especialmente se tememos que nos prejudiquem. Os sacrifícios nos fazem gastar tempo e muitas vezes dinheiro, e tememos que esse tempo e dinheiro sejam perdidos para sempre.

Contudo, os especialistas vêem algo um pouco diferente nisso. É claro que a dádiva beneficia o recebedor. Mas os psicólogos constantemente observam que a dádiva aumenta o auto-respeito do doador por longos períodos após a doação.

Doe para seu próprio bem, porque isso o ajuda, não apenas quando a pessoa lhe retribui o favor. Ajuda-o imediatamente.

Ajudar ajuda você.

Perucas voadoras, cobras e demônios: atitudes e crenças

As crenças funcionam

As crenças mudam tudo. Em um grau surpreendente, você é aquilo em que acredita, e as pessoas também o vêem assim.

Um exemplo disso é que você tende a experimentar o que acredita que experimentará. Nós aprendemos isso em marketing quando pedimos a uma pessoa para experimentar a Marca X, que conhece, e a nossa marca. A pessoa conclui que gosta da nossa, mas muito mais da dela. Não consegue descrever nosso produto, mas descreve o dela em alguns detalhes, quase todos positivos.

Como você pode ter imaginado, o problema é que a Marca X e a nossa são o mesmo produto em embalagens diferentes.

Se acharmos que gostaremos de algo, gostaremos, e seremos capazes de dizer por que o preferimos a outras coisas — *inclusive outras absolutamente idênticas*.

Todos já ouvimos falar no efeito placebo, que ocorre aqui. Mas o que muitos de nós não percebemos é que, na maioria dos casos, esse efeito placebo não é um exemplo de pensamento confuso. O placebo realmente funciona; tomografias do cérebro mostram repetidamente que as pessoas que o tomam para reduzir a dor realmente sentem menos dor. A dor acaba passando. Isso não é apenas imaginação delas.

Portanto, você é o que as pessoas acreditam que seja. E, para elas, é em grande parte o que acredita ser. Descobrimos que os melhores vendedores não são aqueles que conseguem demonstrar grande confiança no produto que oferecem, mas os que acreditam genuína e totalmente que o produto é superior. Sua crença em si mesmos inspira os outros.

A crença funciona.

Faça o que você adora

É inquestionável que, se você faz o que adora, o dinheiro acaba vindo. Mas isso é verdade?

Não. O dinheiro freqüentemente vem, porém nem sempre. Mas não importa.

De qualquer maneira, faça o que você adora. Isso funciona.

Primeiro porque o dinheiro pode realmente vir e satisfazê-lo. Como precisamos de um pouco de dinheiro e gostamos de ter mais, isso pode ocorrer.

Uma opção é você descobrir que o dinheiro veio, mas o satisfez menos do que havia esperado, o que acontece regularmente.

Outra opção é o dinheiro vir, mas satisfazê-lo por pouco tempo. Esse é o resultado mais comum, por um motivo que pode ser inerente aos seres humanos.

Abraham Maslow certa vez observou que talvez, entre todos os animais, só os humanos sejam capazes de ter satisfação temporária. Quando algo nos satisfaz, tentamos satisfazer nosso desejo seguinte.

A satisfação — como você aprende quando estuda a satisfação de clientes de empresas — tipicamente dura pouco. Simplesmente nos faz desejar mais.

Uma última possibilidade é você descobrir que o dinheiro não veio, o que poderia desapontá-lo.

Mas nenhum desses resultados importa tanto quanto o resultado garantido: *você adorar ter feito o que fez*. Isso o satisfará tanto que o resultado deve ser considerado um sucesso ou reconhecido como algo ainda mais enriquecedor.

Faça o que você adora e isso lhe dará prazer.

Mas eu ouvi isso antes

Presumimos que, se ouvimos algo, o sabemos e pomos em prática.

Mas as pessoas sempre repetem conselhos porque todos nós os ignoramos.

Esse fato é realmente um fenômeno, uma forma de pensamento mágico. Acreditamos que, quando ouvimos algo, o sabemos e pomos em prática.

Mas não.

Você encontra um paralelo para isso em pelo menos três quartos de todas as empresas. Elas traçaram um plano. Por isso, acreditam que o estão executando. Mas saber não é fazer. E saber e pensar nunca é o bastante. Portanto, se você acredita que ouviu isso antes, ouviu. Mas pergunte a si mesmo e depois responda com honestidade:

Estou pondo em prática esse conhecimento?

Três passos para a frente

Há anos as sobrecapas de livros prometem que o conteúdo destes mudará rápida e totalmente sua vida, com pouco esforço.

Se, como suspeitamos, você duvida dessas promessas, está com o livro certo.

Como mostram todas as autobiografias, até mesmo a vida mais bem-sucedida é cheia de passos para trás. Um dia você aprende uma lição libertadora que diminui muito a frustração causada por seus erros:

Grandes passos para a frente se seguem a grandes passos para trás.

Ou, em outra palavras, seus erros se tornam presentes quando você é capaz de examiná-los.

Apenas prossiga.

Nossa interpretação errada

Em um grau que desconcerta alguns leitores, os livros sobre vendas freqüentemente são cheios de inspiração.

A maioria das pessoas presume que é porque os vendedores precisam constantemente ser motivados. Nós nos imaginamos dando cinqüenta telefonemas por dia e tendo o telefone batido em nossas caras na metade deles. Concluímos que somente alguém realmente motivado pode suportar isso por mais de um dia.

Durante anos, os vendedores que leram esses livros presumiram o mesmo. Felizmente para seus muitos autores, o apetite dos leitores por motivação sempre foi forte o suficiente para alimentar as famílias desses autores.

Mas os críticos, assim como os entusiasmados leitores, se esqueceram de uma coisa. A inspiração e a motivação não são apenas do que o vendedor precisa para vender; são, em grande parte, o que as pessoas escolhem comprar.

Pense nos produtos e serviços que você comprou durante toda a sua vida e nas pessoas que os venderam.

Elas sabiam mais sobre esses produtos e serviços? Foram mais capazes de detalhar todos os motivos pelos quais eram superiores? Até que ponto realmente os venderam?

Olhando para trás, e talvez com algumas exceções, você não comprou dos vendedores que gostava?

E do que você gostava neles? Da disposição, inteligência e convicção? Foi a cabeça desses vendedores que você comprou?

Você comprou repetidamente o coração, a alma, a energia, o entusiasmo e a cordialidade deles. Sem perceber, comprou o amor deles pela vida e pelas pessoas. Comprou porque gostou da companhia deles. Comprou de novo pelo mesmo motivo.

E ainda compra.

O que isso lhe diz sobre motivação e inspiração? Não é do que você precisa para se levantar todas as manhãs e dar todos aqueles telefonemas ou prosseguir quando os negócios não vão muito bem? Em grande parte, *é isso que você vende.*

Você vende a si mesmo e ao seu espírito.

A vida é o que você a torna?

O sentimento de que a vida é o que você a torna presume que é possível controlar quase tudo. Mas não é. Você não pode controlar um mau chefe, um motorista que grita na pista ao lado ou a chuva que destrói sua colheita.

Não pode controlar sua vida, mas pode controlar suas reações. Para traçar um paralelo, o segredo de uma tacada de golfe perfeita não é apertar mais o taco. Contra-intuitivamente, Gerald McCullagh, um dos melhores instrutores de golfe da América, aconselha seus alunos a "segurar o taco como quem segura um filhote de passarinho". Uma bola de golfe vai mais longe quando você relaxa.

(É claro que você *não pode* relaxar, mas isso é assunto para outro livro.)

Se você insistir em tentar controlar o que não pode, continuará a apertar mais até algo se quebrar. Contudo, concentre-se em uma coisa que possa controlar e sua vida poderá literalmente mudar da noite para o dia.

A vida não é o que você a torna. É como você a leva.

Sinta-se desconfortável

Um atleta aprende que "é necessário suar para se desenvolver".

O filósofo Friedrich Nietzsche aprendeu uma lição parecida: "O que não me destrói me fortalece."

Outros observaram a sabedoria desses sentimentos e a traduziram como "uma crise é apenas uma oportunidade" ou a idéia relacionada de que "um fracasso é apenas um sucesso cujos detalhes ainda não foram revelados".

Para onde quer que você olhe, a dor é o caminho para o prazer, e o desconforto é o caminho para algo mais rico.

Sinta-se desconfortável. Faça a visita de surpresa que não quer fazer, tenha o confronto que teme com um funcionário.

Busque o conforto e irá para o fundo de cena e nunca fará o que espera fazer.

A primeira regra: sinta-se desconfortável.

Mas eu estou desconfortável

Ótimo.

O que o conforto nos traz?

Há uma noção relacionada do mundo das idéias e inovação. Costumamos dizer que se uma idéia não deixa você pelo menos um pouco desconfortável não é uma idéia.

Nós, autores de livros de negócios, somos culpados por essa noção. Escrevemos livros que tendem a reafirmar o que você já sabe e acredita já praticar. "Nossos livros parecem lhe dar um tapinha nas costas", diz Atta Gir. Confortam a mente.

Você acha isso bom. Nós também; adoramos ouvir que estávamos certos o tempo todo. *Mas...*

Tendemos a usar o pensamento convencional e isso faz com que nos sintamos bem — por algum tempo. Contudo, é fácil perceber que o pensamento convencional produz resultados convencionais, e queremos mais. Para ter mais, precisamos seguir um caminho um pouco diferente. Temos que nos estender — a princípio um pouco e depois um pouco mais.

Um leve desconforto é bom. Muito costuma ser melhor ainda.

Continue.

A idéia não é facilitar?

Sete passos fáceis para a independência financeira.
Sete modos fáceis de afinar as coxas.
Sete movimentos fáceis para abaixar sua pontuação no golfe.
É engraçado como vemos esses cabeçalhos todos os dias.

O motivo pelo qual os vemos repetidamente é que ainda não conseguimos independência, coxas mais finas e uma pontuação mais baixa no golfe. Não conseguimos, porque esses passos fáceis não funcionam. Só nos levam ao próximo passo fácil, e ao seguinte.

Ou seja, eles funcionam até você se dar conta de que talvez os passos difíceis funcionem melhor. Pensamos no que disse Scott Peck em *A trilha menos percorrida* — que um sinal básico de saúde mental é perceber que a vida é difícil.

Você pode tentar viver de acordo com princípios opostos e desejar não só uma vida simples como também uma vida em que tudo que valha a pena vem facilmente. Mas nada que valha a pena vem facilmente.

Poucos esforços não produzem poucos resultados. Não produzem resultado algum. Trabalho — árduo e contínuo — é o único caminho para os resultados importantes.

Esforce-se. Se isso for difícil, ótimo.

Mais uma vez

Se nada muda, nada muda. Qualquer bom conselho que você encontre aqui deve incentivá-lo a fazer algo diferente hoje, amanhã e depois de amanhã. Escolha alguma coisa: qualquer uma. Faça-a. *Se algo mudar, algo mudará para você.*

Escolha os pontos, não as linhas

A história dos computadores foi mudada por uma aula de artes.

Em um agora amplamente divulgado discurso para os formandos de Stanford, na primavera de 2005, o CEO da Apple, Steve Jobs, falou sobre "ligar os pontos". Ele explicou isso lembrando do ano em que estudou no Reed College, em Portland, Oregon. Durante meses após sua chegada, notou os muitos pôsteres com belas letras que anunciavam tudo: seminários, recitais, peças.

Jobs ficou curioso.

Logo soube a explicação para a profusão de pôsteres. Um dos grandes calígrafos do mundo, Lloyd Reynolds, dava aulas no Reed e influenciou toda uma geração de calígrafos. Agora não só curioso como também fascinado, mas sem nenhum outro motivo para isso, Jobs se matriculou em uma aula de caligrafia.

Mais de vinte anos depois, vemos a influência de Lloyd Reynolds e daquelas aulas nos computadores, com sua ênfase na excelente tipografia e suas nuances — *kerning*, espaçamento de letras e linhas, serifas. Nós vimos isso pela primeira vez nos antigos programas de processamento de textos da Apple, mas agora está em toda parte (exceto, é claro, nos memorandos que recebemos dos poucos que ainda usam para tudo a fonte Helvética).

Jobs decidiu ter uma aula de artes que mudou a história dos computadores. Ele poderia nunca ter visto essa conexão básica. Ela simplesmente surgiu.

Jobs não sabia onde sua aula o levaria, mas não perguntou: "O que isso pode fazer por mim?" Ele seguiu sua curiosidade e paixão; escolheu o ponto.

Você freqüentemente não vê as linhas, mas não pode deixar de ver os pontos. Seus pontos, como os de Steve Jobs, são seus interesses, até mesmo suas paixões. Ligue-os e um dia eles formarão uma linha que o conectará a algo maravilhoso.

Escolha os pontos.

O problema com o dinheiro (além de não tê-lo em quantidade suficiente)

Trinta anos atrás, um amigo estudou quais os ramos de atividade eram quentes e escolheu aquele que se tornaria o trabalho de sua vida. Ele queria ganhar muito dinheiro e esse ramo parecia lucrativo.
    Só havia um problema. Está claro — e de fato foi demonstrado — que nenhum dinheiro é suficiente.
    Isso foi sugerido em um artigo fascinante na *Newsweek*, em 1994. Uma equipe de jornalistas tentou descobrir quem na América se sentia realmente rico e quanto dinheiro tornava alguém rico.
    A primeira pessoa entrevistada ganhava 45 mil dólares por ano. Era um homem rico? Ele disse que não. Quanto precisaria ganhar para ser? O dobro, respondeu ele. Seria rico se ganhasse 80 mil dólares por ano.
    Pensando que 80 mil dólares poderia ser uma medida aceita de riqueza, os jornalistas encontraram uma mulher que ganhava exatamente isso. Ela era rica? A mulher respondeu que não. Quanto precisaria ganhar para ser?
    Mais uma vez a resposta foi a mesma: o dobro.
    Então eles encontraram uma pessoa que ganhava exatamente o dobro, 160 mil dólares. Fizeram as mesmas perguntas e obtiveram as mesmas respostas: "Não" e "O dobro do que eu ganho".

Eles prosseguiram com essa abordagem até finalmente chegarem a uma pessoa que ganhava mais de 650 mil dólares e, como você pode imaginar, também não se considerava rica.

Você agarra a oportunidade de ouro e percebe que é apenas uma oportunidade. Tenta encontrar outra. Agarra-a e percebe que é menos do que esperava. Finalmente, pode aprender a parar de fazer isso.

Por que esperar tanto? Por que passar pelo que esse amigo passou? Em um determinado momento, seu negócio valia 16 milhões de dólares. Ele parecia ainda mais infeliz então. Não só 16 milhões de dólares eram muito menos do que esperava como subitamente tinha mais a perder. Agora estava insatisfeito com o que tinha e temia perdê-lo.

Essa história fica pior. Ele realmente o perdeu. Era um ramo de atividade quente, mas ele não pôs a lenha na fogueira. Não lhe deu o devido valor, não soube trabalhá-lo.

Qualquer que seja a resposta para você, não é dinheiro.

Demitir, ser demitido e outros acontecimentos felizes

Certa vez um amigo escolheu uma carreira baseado em um artigo do *USA Today*. (Isso parece ridículo, não é?)

O artigo era um desses milhares que anunciam "As Dez Melhores Carreiras da Década" ou algo parecido. Ao fazer essa escolha, ele agiu como as pessoas que escolhem Direito porque parece prestigioso, Marketing porque parece chique ou uma empresa do Vale do Silício porque seus escritórios "parecem muito legais".

Nesses e em outros casos similares, há um padrão. A realidade se apresenta. Você aprende que o trabalho, a empresa, o título ou talvez tudo isso junto seja menos do que parecia ser. Seu desempenho — que nunca foi excepcional porque o trabalho não condiz com você — piora.

Uma tarde, seu telefone toca. "Por favor, você pode vir ao meu escritório?"

Você é demitido.

Esse é um dos piores momentos da vida — ou parece ser. Mas embora você sofra com o aparente insulto de ser demitido, sente-se mais leve. Percebe que saiu de um lugar ao qual não pertence.

Um dia, ou talvez em muitos dias, você terá de dizer: "Por favor, venha ao meu escritório." Somente os sádicos gostam desse momento e poucos deles lêem este tipo de livro. Então você se sentirá mal, e achará que tem razão de se sentir. Não importa. *Faça isso assim mesmo.* Ninguém se beneficia quando as pessoas estão no lugar errado. Elas não fazem o melhor que podem e sempre se sentem vazias. Então não pense que está fazendo isso por uma penosa constatação de que: "Dave deve ir embora." Faça-o por Dave. É a melhor coisa que pode acontecer a ele.

O que parece um chute porta afora na verdade é um bom empurrão, três passos para a frente.

Isso é bom. Talvez seja até mesmo maravilhoso.

Um clássico dos negócios

Onze anos atrás um colunista perguntou a vinte mulheres e homens bem-sucedidos quais eram os melhores livros de negócios que já tinham lido.

Uma dessas pessoas era o dono de uma livraria com uma coleção de livros de negócios cuidadosamente escolhidos. Tudo nele dizia que era um "rato de biblioteca" — seus óculos de coruja, sua testa alta e tez pálida. Ficou óbvio que ele havia lido centenas de livros de negócios, talvez todos de sua coleção.

O dono da livraria parecia a pessoa ideal para se fazer essa pergunta.

Ele começou confiante, citando "livros com notas de rodapé" — os livros sérios cheios de documentação e estudos de casos. Mencionou quatro deles. Então parou.

"Mas meu favorito", disse, "e um que acho que é indispensável para os negócios, está aqui atrás."

Ele e o entrevistador passaram pelas estantes de Filosofia e História e chegaram a uma pequena estante de livros. O homem pegou um deles. *The Little Engine That Could*.

O entrevistador reprimiu o riso. Os negócios pareciam diferentes para ele naquela época. Ainda estava convencido de que os processos, os dados, os sistemas e as técnicas o tornavam bem-sucedido. Mais tarde aprendeu que essas coisas tinham seus lugares nos negócios, mas apenas lugares.

Assim como *The Little Engine That Could*, "pense que você pode" é um bom conselho, mesmo que tenha se tornado tão comum.

Um notável artista superou grandes desvantagens para ser aceito pelos americanos em uma época em que poucos afro-americanos eram. Mais tarde ele disse ao mundo que foi sua crença que lhe permitiu ser bem-sucedido. Na verdade, Sammy Davis Jr. vivia tão intensamente segundo essa crença que, quando pôs sua vida em palavras, a resumiu com este título:

Sim, eu posso!

O dono da livraria, Colin Powell, Bill Parcells, Sammy Davis Jr., o autor de *Little Engine* e o letrista de "High Hopes" — sobre uma formiga que insistia

em que podia mover uma seringueira — oferecem conselhos atemporais.
Se você teve sorte, obteve um benefício que foi valioso para um de nós: a fé de sua mãe. Dela era a voz que sussurrava, quando parecia não haver mais esperança: *acredite*. É uma voz que esperamos que você também ouça — mesmo se for apenas a sua.

Acredite.

O rei da confiança

Hayward Field freqüentemente vibrava, mas nesse dia tremeu.
Era o segundo dia das provas de decatlo do campeonato dos Estados Unidos no Hayward Field, em Eugene, Oregon. A algazarra dos sempre entusiásticos habitantes de Eugene era vários decibéis mais altos naquela tarde.
Bruce Jenner estava perto de estabelecer um recorde mundial.
Jenner ainda estava tomando fôlego depois do primeiro evento do dia, a sexta das provas do decatlo, quando se aproximou de três espectadores no centro do campo. Um deles não resistiu e lhe gritou a pergunta na mente de todo fã:
"Bruce, quais são as suas chances de quebrar o recorde?"

Hoje esses três garotos, agora homens, ainda se lembram de onde Jenner estava andando e do olhar de total convicção no rosto dele quando lhes gritou de volta, quase instantaneamente:

"CEM POR CENTO!"

Se, como muitos aficcionados de esporte sugerem, há realmente "110% de algo", Jenner transmitiu essa confiança. Ele sabia o resultado e podia vê-lo. E então, nos próximos quatro eventos, o produziu.

Nos momentos em que a dúvida surgir ao lado da crença em sua mente, lembre-se de Bruce. Ele nos lembra de um de nossos maiores poderes:

Sempre é bom repetir: acredite.

O poder de Peter

Harry acabara de se encontrar com um amigo de infância que estava em Minneapolis, a negócios.

Nós estávamos pondo em dia as novidades de vinte anos e, como todos os irmãos mais novos, ele mencionou seu irmão mais velho, Peter. Peter não só trabalhava em Nova York como vivia muito bem. Possuía uma casa no bosque perto da linha de trem, em Connecticut, e uma lista de clientes que tinham sido capa de *Fortune* e *Forbes*.

É claro que todo irmão que consegue algo mais do que nós é uma fraude: isso é amplamente sabido.

Portanto, a rivalidade entre irmãos realmente explicava o impulso por trás do comentário de meu velho amigo sobre o sucesso de Peter.

Eu me lembro das exatas palavras dele: "Você sabe que eu nunca teria dado um centavo quando comecei no negócio", disse-me ele, "mas descobri que vale milhões?"

Minha reação imediata foi pensar nas estatuetas de Lladro, em um dos extremos, e nos piercings na língua, em outro. Nada mais me ocorreu. Ele deu a resposta.

"Confiança. Peter transpira confiança."

Não era preciso me dizer. Eu não via Peter desde o início da década de 1970, mas ele personificava tão bem a confiança que havia se tornado meu modelo dela. Lembro-me da primeira vez em que eu disse a um caixa, "Pode ficar com o troco". Usei as mesmas palavras e o tom de Peter quando fez isso, com 13 anos, em uma feira agrícola.

"Peter acredita e seus clientes agem como se não tivessem outra escolha além de concordar com ele. Nunca é apenas confiante; tem certeza." Como disse outro atleta na véspera de um jogo em que seu time parecia inferior, você tem de acreditar. Todos os dias vemos exemplos do Princípio de Colin Powell, palavras presumivelmente de sua autoria.

A convicção é uma força multiplicadora.

Os possíveis clientes raramente têm certeza. A maioria dos compradores têm medo e dúvida, como nos lembra o termo "remorso do comprador". Como os compradores podem não ser cautelosos?

Não podem. Sua confiança pode confortá-los e a falta dela pode aumentar os temores desses compradores.

Sim, a confiança pode enganar as pessoas, o que só sugere seu poder. E sim, você pode abusar da confiança, e achamos que não precisamos preveni-lo contra isso.

Mas também tenha cuidado com o poder da sua falta de confiança. Se você não puder mais demonstrar confiança no que está oferecendo, pense em oferecer outra coisa, seja o que for.

Lembre-se de Peter.

Confiança e grandeza

Se um ser humano é exposto a 10 mil palavras por dia — o número real pode ser muito maior — quem ouviu as palavras de Kenneth Clark ouviu mais de 80 bilhões de palavras.

De todos esses 80 bilhões de palavras, ainda se lembra das dele.

Ele as proferiu 35 anos atrás, na décima terceira noite de um evento importante na televisão, a transmissão final da série *Civilization*, da PBS. Durante 12 semanas, começando com "The Skin of Our Teeth" e terminando com "Heroic Materialism", Clark examinara as grandes conquistas da arte na civilização ocidental. No auge de sua carreira e após décadas de estudo, Clark certamente tinha fortes convicções a respeito do que fazia as pessoas e suas culturas se desenvolverem.

Talvez curiosamente para muitos, ele disse que descobriu uma força que para muitas pessoas parece suave. *Isso* não podia ser a resposta, insistiam essas pessoas. Contudo, as palavras de Clark ecoam as de outros historiadores que examinaram séculos de comportamento humano.

"Este programa está cheio de grandes obras de gênios. Não se pode desprezá-las", disse ele. "Certamente isso deve nos dar confiança em nós mesmos."

"No início eu disse que é a falta de confiança, mais do que tudo, que põe fim a uma civilização. Nós nos destruímos com cinismo e desilusão, tanto quanto com bombas."

A confiança, insistia Clark, alimenta a própria vida.

A crença é importante; sua crença é importante. Se reconhecermos que o Sr. Clark deve ter aprendido com suas décadas de estudo, talvez devamos agora concluir que a crença é mais importante do que imaginávamos.

Lembre-se de Kenneth Clark.

Entre

Você cresce nos negócios quando cresce na vida. O crescimento profissional e o pessoal provêm da mesma fonte e o sucesso duradouro provém do crescimento duradouro.
Nós admitimos que há uma selva lá fora. Cobras, demônios — espere, entre *você*. Nós vamos ficar aqui. Ok, vamos tentar. Você deveria fazer o mesmo.
Entre.

Aqueles que riem

A vida nos dá um bom motivo para rir em todas as chances que tivermos.
Afinal de contas, ninguém sai daqui vivo.
Há um termo para aqueles que vivem basicamente com paixão e humor: elã. As pessoas o acham absolutamente irresistível.
Os italianos também louvam especialmente quem ignora o peso dos fardos da vida e vive com alegria. Eles chamam essa qualidade de *sprezzatura*, que se traduz de modo não muito perfeito como imperturbabilidade. Em seu famoso livro de auto-ajuda da

Renascença, *O cortesão*, Castiglione afirmou que *sprezzatura* é uma característica das pessoas bem-sucedidas — no caso dele, a pessoa capaz de obter favores dos membros da corte real.

Contudo, poucas mulheres ficam imperturbáveis com a própria calvície. Sua primeira olhada no espelho não inspira *sprezzatura*. Sansão se sentiu enfraquecido pela perda de seus cabelos, mas Dalila sem os dela teria se sentido nua.

Em uma tarde de abril de 1995, uma mãe careca que se sentia um pouco nua voou com o marido e dois filhos para Scottsdale, Arizona. Felizmente, a cidade estava sediando um importante evento de golfe Senior PGA Tour chamado Tradition. Ir para o sol e ver seus golfistas favoritos parecia a compensação perfeita para quatro meses de quimioterapia e olhadas diárias no espelho.

O primeiro dia do evento foi no clássico estilo do Arizona: claro, seco, quente e ventoso. Os quatro caminharam pelo campo até o terceiro *tee* e ocuparam seus lugares no lado direito.

Alguns minutos depois, três dos golfistas favoritos dela chegaram ao *tee*: Jack Nicklaus, Raymond Floyd e Tom Weiskopf.

Nesse momento, também chegou uma grande rajada de vento vinda de detrás deles. O chapéu dela voou. Infelizmente, sua peruca voou junto na direção do *tee*, 15 metros à frente dos golfistas.

As platéias de golfe são notoriamente silenciosas, mas nunca o golfe conheceu um silêncio tão completo. Mais de mil homens e mulheres ficaram mudos e com os olhos arregalados. O termo "mortificado" é perfeito. Um corpo fica rígido após a morte, como o dela ficou.

Os corpos dos membros da platéia aparentemente também se enrijeceram. Como testemunhas de um acidente automobilístico, todos ficaram pasmados, mas ninguém se mexeu.

Com um profundo suspiro, o corpo dela finalmente relaxou o suficiente. Ela passou por baixo da corda e correu na direção do *tee* e da peruca. Quando finalmente chegou, abaixou-se, pegou o chapéu e a peruca e se voltou para os golfistas.

De algum modo as palavras simplesmente saíram de sua boca:

"Cavaleiros, o vento está definitivamente soprando da direita para a esquerda."

As pessoas disseram que as gargalhadas puderam ser ouvidas na sede do clube, a mais de 700 metros de distância.

Esse é um claro lembrete de que a vida continua. As dificuldades vêm e vão e nada torna mais belos os bons momentos e mais suportáveis os maus do que o humor.

Aqueles que riem sobrevivem.

Comparações com os outros

Uma perda de tempo.
Quando você vê alguém, só vê a ponta do iceberg acima da água. Abaixo, a pessoa com quem se compara se parece com todos nós: tem defeitos, é falível e talvez esteja desesperadamente insatisfeita. Você compara uma pessoa que conhece — você mesmo — com alguém que só conhece em parte: a parte que essa pessoa mostra ao mundo.
Além disso, você não pode ser ela.
Uma noite, em seu *Tonight Show*, Johnny Carson entrevistou Alex Karras. Karras estreara no futebol como atacante do Detroit Lions. Na época dessa entrevista, ele havia estreado no cinema e estabelecido uma presença memorável no palco: inteligente e aparentemente muito à vontade diante das câmeras. Como a maioria das pessoas na platéia naquela noite, Carson ficou impressionado.
"O que você faz, Alex, para ficar tão à vontade?"
Karras disse que era fácil. "Ninguém me impressiona muito. Pessoas são apenas pessoas", respondeu ele. "Eu já estive em muitos chuveiros e vi muita gente nua."
"É difícil você considerar alguém um deus quando já viu essa pessoa nua no chuveiro."

Concentre-se no que é positivo.
Quando isso falhar, concentre-se naqueles homens nus nos chuveiros.

Seja você mesmo (não há alternativa!)

Nós já ouvimos isso. Mas como ocorre com a maioria das frases familiares, entender sua lógica nos incentiva a seguir seu conselho.

Seja você mesmo, mas por um simples motivo: não há alternativa.

Você não pode ser outra pessoa. Só pode fingir ser. Mas o problema nisso é que você só encontra dois tipos de pessoas na Terra: as que vêem além das aparências e as que não vêem.

As que vêem questionam o caráter e a integridade da pessoa que finge e a evitam. Na melhor das hipóteses a aturam, mas nunca a aceitam, porque ela não se apresentou como uma pessoa autêntica. A pessoa real, que poderiam aceitar, está oculta por trás de uma fachada.

O segundo grupo, pequeno (se não diminuto), deixa-se seduzir pela aparência, por um simples motivo: essas pessoas são tolas — podem, literalmente, ser enganadas. Mas as pessoas que podem ser enganadas uma vez o podem ser repetidamente. Elas são volúveis e pouco confiáveis — justamente o tipo de gente que você deseja evitar.

Seja você mesmo. Isso é mais fácil de lembrar e funciona muito melhor.

SEXO (FINALMENTE) E OUTRAS COISAS IMPORTANTES: TÁTICAS E HÁBITOS

O poder das pequenas coisas

Presumimos que as pessoas são racionais. Isso é o que leva muitos jovens redatores de propaganda a criar anúncios que relacionam todas as características e benefícios de um produto e convidam os leitores a "apenas comparar!" Nossa crença em que as pessoas operam racionalmente nos compele a lhes apresentar casos racionais. Mas as pessoas são realmente racionais?

Em 1989, Brian, um jovem publicitário, havia completado uma imersão intensiva de cinco anos no mundo da medicina cardíaca — especificamente, o mundo dos marca-passos e desfibriladores. Brian sabia a diferença entre bradicardia e taquicardia, era capaz de decifrar um eletrocardiograma e conhecia um conjunto completo de problemas e soluções, de aparelhos simples de uma única câmara a aparelhos fisiológicos avançados. Ele havia ganho prêmios importantes por campanhas.

Além disso, Brian possuía uma credencial única em seu ramo: como um antigo advogado especializado em lesões corporais e membro de uma família de enfermeiros e médicos, fora cercado pela medicina e linguagem médica durante a maior parte de sua vida.

Certo dia de outubro, ele recebeu um telefonema de Craig, um conhecido que era diretor interino de marketing de uma grande empresa local especializada em equipamento cardíaco. Craig queria saber se o jovem publicitário poderia ajudá-los.

A reação imediata de Brian foi: "É claro que sim!" Ele havia trabalhado com a Medtronic, Eli Lilly e Boston Scientific. Ganhara prêmios e dominava aquela linguagem. E já conhecia Craig, que parecia tê-lo muito em alta conta.

Você pode imaginar o final. Brian não passou de sua primeira carta para Craig. A pergunta óbvia é por que, e a resposta estava nessa carta.

Nela, Brian resumiu sua autobiografia, que parecia quase boa demais para ser verdade. Cheio de confiança, ele se apressou a enviá-la para seu futuro cliente.

Então esperou.

Passados três dias, ele telefonou para Craig. Certo de que Craig tinha ficado fascinado, perguntou-lhe se tinha recebido a carta. Tinha. E o que, perguntou Brian, preparando-se para a resposta — que certamente combinaria admiração com elogios — havia achado dela?

As primeiras palavras de Craig foram: "Havia erros de impressão da terceira à última linha."

E isso foi tudo. Isso e a notícia de que eles estavam considerando outros candidatos.

Racionalmente, como Craig poderia rejeitar o candidato mais qualificado em um raio de 1.500 quilômetros, talvez mais? Porque não somos totalmente racionais. Se fôssemos, a maioria dos que possuem cartões American Express mudaria para Visa. O argumento racional a favor do Visa é esmagador, mas o argumento emocional para o American Express — seu "prestígio" — convence milhões de pessoas.

Há um lembrete aqui: *nós não somos totalmente racionais.*
Mas o lembrete mais importante é sobre o poder dos detalhes. Com tantas opções, os possíveis clientes não podem escolher facilmente, o que leva a uma regra básica dos negócios modernos: *quanto mais similares duas opções parecem, mais importantes as diferenças.* As pessoas tendem a justificar suas decisões. Nós também tendemos a concluir muito de poucas informações, como quando estereotipamos. As mínimas coisas são importantes — na verdade, hoje mais do que nunca.
Isso não é racional, mas não importa.

As pessoas não são racionais. Escolhem a partir das coisas pequenas; portanto, trabalhe duro nelas.

Sua maior dívida

Ela o procurou. É sua cliente.
Pagou suas férias, seus CDs favoritos e talvez muito mais.
Tolerou seus erros (talvez mais do que você imagina).
Arriscou o dinheiro, a reputação, a paz de espírito e talvez o prestígio dela no trabalho. Pode até mesmo ter arriscado toda a empresa dela.

Sorriu nos piores momentos, riu nos melhores e recomendou você a outras pessoas.
E agora você se pergunta, devo telefonar-lhe? Devo me sentir em dívida com ela?
Devo lhe falar sobre esse sentimento? E se devo, com que freqüência?
Nunca é demais agradecer.
Depois de tudo pelo que ela passou, você não pode lhe agradecer o bastante. E poucos de nós o fazem.
Você ouve a frase "não tenho como lhe agradecer" e ela transmite uma verdade básica: *você não pode agradecer o bastante.*

Quantos bilhetes de agradecimento você enviou no ano passado? Este ano, envie o dobro.

Agradeça de um modo inesquecível

A fidelidade do cliente se tornou um jargão na última década, mas apesar disso vemos poucas evidências dela.

Pessoas não se sentem fiéis a empresas. Sentem-se fiéis a pessoas.

Se você deseja fidelidade especial, deve agradecer de um modo especial, como mostra outra experiência de Christine.

No dia 19 de dezembro de 1994, reconheci a voz e imediatamente senti uma punhalada no peito. Era a voz de meu médico.

"Câncer."

Então ouvi palavras que soaram pior: "Você deve ser operada imediatamente."

Fui operada na véspera do Ano-Novo. Felizmente, o médico achou que a cirurgia foi feita a tempo; meu prognóstico era bom. Quando voltei para casa, três dias depois, entrei na cozinha e tive uma visão notável: uma pilha de cartas de mais de 20 centímetros de altura. Ao examiná-la, duas cartas exigiram minha rápida atenção.

A primeira era de uma grande cadeia de hotéis. Dizia que eu estava com sorte, sem se dar conta da ironia disso. Tinha atingido um status especial em seu programa de fidelidade. Como outros participantes de programas de fidelidade, eu apreciava suas recompensas, ainda que fossem pequenas. Todo pequeno incentivo ajuda a suavizar os percalços da vida.

Olhando para minhas bandagens e percebendo que eu não viajaria muito em 1995, eu lhes escrevi: "Eu poderia adiar esses benefícios para quando puder voltar a trabalhar em tempo integral, em 1996?"

Três semanas depois, recebi uma carta padronizada.

Recebemos seu pedido de adiamento de seus benefícios de fidelidade. Lamentamos o ocorrido, mas essas coisas acontecem e não poderemos adiá-los.
Mas esperamos vê-la em breve.

Contudo, a cadeia de hotéis não foi a única a receber meu pedido de adiamento de benefícios por um ano. Na mesma semana enviei outra carta, para a companhia de aviação de minha cidade natal, a Northwest Airlines. A resposta chegou quatro semanas depois, escrita à mão:

> Como poderemos lhe agradecer por ser um de nossos melhores clientes? Temos o prazer de lhe comunicar que seus benefícios serão adiados por um ano. Além disso, incluímos quatro passagens complementares para tirá-la, bem como à sua família, do inverno frio de Minnesota e lhe proporcionar um descanso de seus tratamentos.
> Nós lhe agradecemos, Christine, por sua fidelidade. Sentiremos sua falta neste ano.
> *Atenciosamente,*
> *John Dasburg, CEO*

O Sr. Dasburg não me conhecia. Não sabia que eu morava em uma cidade dominada por sua companhia de aviação — mais de 70% dos portões de embarque de seu aeroporto servem aos aviões da Northwest. Muitas vezes eu não tinha outra escolha além dessa companhia. Aparentemente ele não se importava com isso. Seja como for, recompensou-me.

Desde então eu sempre o recompenso. Algum dia voarei com outra companhia aérea? Somente se a Northwest não voar para meu destino.

Eu contarei esta história pelo resto de minha vida? Sim, com entusiasmo e gratidão.

John Dasburg me agradeceu de um modo inesquecível. Agora, como antes, sua companhia aérea colhe os frutos da fidelidade dele. Conquistou a minha e impressionou muitas outras pessoas a quem contei essa história.

A cadeia de hotéis não se saiu tão bem. Embora eu tenha omitido seu nome aqui, sempre o menciono quando alguém me pergunta sobre seus hotéis. Eu a evito. Presumo que não pode ser especialista em acomodações porque parece incapaz de acomodar.

Uma vítima de câncer fez um pedido modesto. A cadeia de hotéis basicamente me disse que, como a vida, é injusta. A carta que me enviou lembra a todos nós que devemos tomar cuidado. As más ações raramente ficam impunes e a punição freqüentemente é maior do que o crime. A cadeia de hotéis perdeu uma dúzia de clientes — e um de seus membros Platinum — com uma carta com a qual não lucrou nada.

E, é claro, você deve ser como John Dasburg, a quem serei sempre grata.

Agradeça de um modo inesquecível.

Obrigado

Três em cada quatro executivos levam em consideração os bilhetes de agradecimento dos candidatos quando decidem contratar. Aparentemente a maioria das pessoas não se dá conta disso. Apenas um em cada três candidatos pensa em enviar um. Isso sugere novamente a sabedoria de comparecer. Parece que duas em três pessoas não a têm.

Diga obrigado. Você não será a única pessoa a fazer isso, mas ainda assim se sobressairá.

O valor egoísta do "obrigado"

Você se lembra da última vez em que agradeceu a alguém?

Como se sentiu nessa ocasião e nos momentos seguintes?

Contente. Sentiu-se contente porque experimentou gratidão. A gratidão foi sua, mas também o fez se sentir bem.

Nós corremos — e caímos — na estrada da vida. Você pode se sentir sobrecarregado, enganado e desanimado. Então diz uma palavra e ocorre um pequeno milagre: esse sentimento passa.

Agradecer também faz bem a você.

Como escrever um agradecimento eficaz

Escreva quatro frases, à mão. (O bilhete escrito à mão parece um presente porque você dedica tempo a escolher o papel e envelope, colar o selo e enviá-lo.)
Não venda. Você já fez isso. Se tentar vender, o leitor achará que não está realmente lhe agradecendo, mas apenas usando uma desculpa para outra tentativa de venda.
O agradecimento que não está atrelado a uma venda funciona por um simples motivo. Poucas pessoas têm sensibilidade e coragem para escrevê-lo. Em geral elas acreditam que os bons vendedores devem "estar sempre fechando uma venda". Então continuam a tentar fechar.
Isso abre a porta para gente como você, que sabe quando parar.
No "muito obrigado".

Separe suas vendas de seus agradecimentos.

O que seu telefone celular diz

Você está almoçando. Então aquilo acontece. O celular da pessoa que está com você toca. O que ela comunica? Que qualquer conversa que possa ter pelo telefone é mais importante do que a que está tendo com você. Você conhece essa sensação. Agora sabe o que não fazer na próxima vez em que for almoçar.

Nós não precisamos ouvir sua conversa. Preferiríamos continuar com a nossa.

Faça como os chineses

Uma visita a Pequim pode deixar você com a sensação de que é possível que tenhamos futuros melhores.

Parece que os chineses sabem instintivamente o valor da plena atenção — da consciência de quem está ao redor — e de tratar as pessoas como se não fossem anônimas. (Talvez seja impossível ter consciência dos outros na China, dado que esses "outros" totalizam mais de 1,5 bilhão de pessoas.)

Observe alguém em Pequim falando ao celular e notará algo que nunca vê nos Estados Unidos: a mão

esquerda da pessoa em concha sobre sua boca e o bocal do telefone de um modo que não permite a você ouvir uma só palavra.
Por isso, você desfruta do que todos desejam: paz.

Por favor

Falando ao telefone

Uma administradora de uma pequena universidade no Missouri está travando uma corajosa guerra por todos nós.
Suas armas, que ela carrega por toda parte, são meia dúzia de besouros de plástico.
Sempre que alguém interrompe seu silêncio falando em voz alta ao celular, ela pega um besouro em sua pasta, dirige-se à pessoa e o entrega a ela.
"Para que é isso?", pergunta invariavelmente quem o recebe, suspeitando que ela esteja lhe dando um pequeno presente, ou talvez um item promocional.
"Seu zumbido está me incomodando", responde ela.
Falar ao celular para todos ouvirem comunica que você não se importa com ninguém. E o pior é que as pessoas ficam sabendo quem você é e onde trabalha.
Como? Por seu cartão de visita, com seu nome em destaque, pendurado do lado de fora de sua pasta.

PS: Não importa o quanto tentemos falar baixo ao telefone, ainda é alto demais.

Mantenha o sigilo de seus telefonemas.

Chamadas de surpresa

Todas as pessoas para quem você telefona já sabem, ou pensam que sabem, quem está telefonando.

Elas têm informações limitadas sobre você. Por isso, fazem o de sempre.

Mais uma vez — e nunca é demais dizer — o estereotipam.

A voz que você ouve ou a pessoa que vê não é fria. Tem uma impressão.

Antes de você dar aquele telefonema, pergunte: Qual é o estereótipo dessa pessoa a meu respeito?

Qual é o modo mais rápido de contradizê-lo de tal forma que ela queira me ouvir?

Antes de telefonar, envie uma carta à pessoa que a faça questionar seus temores. Se, por exemplo, ela o posicionou como "criativo", provavelmente teme que você seja desorganizado, demasiadamente independente ou muito difícil de controlar. Esse é o estereótipo "criativo".

Envie-lhe uma carta bem organizada que elogie um antigo patrão e mencione o quanto você se beneficiou colaborando com os outros.

Para superar a frieza do telefonema, contradiga seu estereótipo.

Conforto e roupas

É verdade que, ao escolher roupas, seu primeiro critério deve ser o conforto.
 Contudo, o conforto é o daqueles ao seu redor.
 Para entender isso, reflita sobre uma das descobertas surpreendentes de nosso trabalho com empresas. Durante anos, entrevistamos regularmente os clientes de nossos clientes. Entre outros insights, queríamos saber o que tornava nossos clientes especiais. Então perguntávamos: "Por que você continua a trabalhar com nosso cliente?"
 A resposta que mais ouvimos foi uma única palavra.
 Conforto.
 "Eu simplesmente me sinto confortável com eles", disseram repetidamente.
 A primeira chave para o sucesso — seja a conquista de um emprego, um contrato ou um aliado — é deixar a outra pessoa confortável. O conforto começa com sua primeira aparência.
 Seu pacote fornece dicas e pistas. Ao escolher o que usar, sua primeira idéia não deverá ser impressionar ou intrigar, mas *deixar a outra pessoa confortável.*

Isso significa evitar excessos. Para os homens, anéis que não sejam alianças de casamento causam má impressão em muitas pessoas. Pulseiras ainda mais. Esqueça-se daquela gravata extravagante que você comprou para seu aniversário! Para as mulheres, um critério simples para o que *não* usar: nenhum vestido que leve uma amiga de verdade a examiná-la da cabeça aos pés e dizer: "Você vai arrasar!" Não o use.

Vista-se para o conforto do outro.

A Regra da UCM (Uma Coisa Memorável)

Uma carreira em marketing fornece no mínimo lembretes semanais do poder da simplicidade e do papel do inesquecível.

Um especialista em vestuário também aprende que nunca se deve usar duas peças de roupa memoráveis juntas. Uma gravata marcante faz uma poderosa afirmação visual; a mesma gravata usada com uma camisa marcante enfraquece as duas mensagens e transforma a afirmação em um grito.

O fabuloso publicitário David Ogilvy sabia disso. Usava paletós, camisas, gravatas e sapatos conservadores — e suspensórios vermelhos como os carros de bombeiros.

O publicitário menos famoso, mas digno de nota, Lee Lunch também sabia. Orgulhoso de sua herança finlandesa, seu recurso para ser memorável era qualquer coisa verde — quase sempre uma gravata.

Uma ex-freira católica que se tornou pesquisadora de mercado um dia encontrou algo memorável. Quando soube que seu cliente adorava beisebol e coisas originais, aventurou-se em uma loja e encontrou, para sua alegria, uma bola de beisebol incomum. As bolas convencionais são feitas de couro branco costurado com linha vermelha sobre o miolo. Aquela era de couro marrom forte e tinha um pesponto marrom combinando.

Ela a comprou, embrulhou lindamente e enviou para seu novo cliente.

Esse foi o início de um relacionamento profissional duradouro.

É repetitivo dizer que nos lembramos do que é memorável. Mas vale a pena fazê-lo em uma era em que tantas empresas têm tantas opções — de serviços, produtos, funcionários, consultores, tudo. Como o fabricante de flocos de milho, o que você deve fazer para abrir seu caminho?

Encontre um visual memorável: suspensórios vermelhos, gravatas verdes ou talvez algumas bolas de beisebol marrons.

Procure uma coisa memorável.

Um terno muito bom e escuro

Todas as pessoas, tanto homens quanto mulheres, deveriam ter um.
Porque com ele você nunca erra. Comprando as combinações certas de camisas de colarinho francês, cachecóis, abotoaduras e um ótimo par de sapatos pretos, você pode usá-lo em qualquer viagem de negócios para as cidades americanas em que as pessoas se vestem melhor, como Nova York e Chicago.

Pode usá-lo com uma camisa estampada de manga curta e parecer igualmente bem na cidade dos Estados Unidos em que as pessoas se vestem mais informalmente, Honolulu.

Com os acessórios certos, também ficará perfeito em eventos noturnos e compromissos menores de negócios.

Por que o terno deve ser muito bom e, portanto, relativamente caro? Por dois motivos: porque valoriza mais você e o faz parecer bem-sucedido, sem ser ostentoso ou extravagante.

Em última análise, o caro sai barato, porque um terno bem-feito tem maior durabilidade. Como você usará seu terno muitas vezes, é melhor investir em um que dure.

Um ótimo terno.

Sapatos de amarrar pretos e caros

Todo homem deveria ter um par.
Porque nunca parecem errados. (Em muitos lugares e com a maioria dos ternos, os mocassins parecem muito informais. Foram criados para ser.)
Porque os altos executivos insistem em usá-los e levam a sério as pessoas que se vestem como eles.
Porque ficam bem com o terno muito bom e escuro que você acabou de comprar e chamam menos atenção do que um belo par de sapatos marrons.
Porque os sapatos bem-feitos duram mais.
Porque as mulheres notam os sapatos e freqüentemente você tenta persuadi-las.
Porque parecem mais sérios e com freqüência você quer ser levado a sério.
Porque são associados ao sucesso e você deseja parecer bem-sucedido.

E um ótimo par de sapatos.

Por que pastas impressionantes funcionam

Porque envolvem seu trabalho e as pessoas julgam os livros pelas capas.

Porque diz: "Meu trabalho é importante para mim."

Porque faz você parecer mais organizado e 90% dos possíveis clientes e empregadores querem alguém que seja bem organizado.

Uma excelente pasta preta. (PS: O mesmo vale para os encanadores: uma caixa de ferramentas cara e perfeita.)

O princípio da segurança contra falhas

Os aficionados em cinema e estudiosos da guerra nuclear o conhecem. O filme *Limite de segurança* o tornou famoso. Refere-se aos passos que você dá — nesse caso, preparando-se para a guerra nuclear — para evitar falhas.

No caso de Betsy Redfern, esse princípio se manifesta em qualquer um dos muitos dias do ano em que ela e sua empresa, a MWH, recebem um cliente de fora da cidade. O cliente deve chegar no grande Denver Airport. As pessoas que viajam com freqüência identificam imediatamente os possíveis problemas. Você chega ao Denver Airport. Onde está seu carro? Não consegue encontrá-lo. Para quem deve telefonar? Alguns anfitriões dão aos seus convidados o número do telefone da empresa de automóveis. Outros, mais cuidadosos, também dão os números de seus telefones. Contudo, Betsy dá o número de seu celular, do telefone de seu escritório e sua casa, da empresa de automóveis *e* do telefone da casa e do celular de seu assistente. (Agora Betsy, diretora de aprendizagem da MWH, está pensando em comprar um segundo celular no caso de alguém não conseguir telefonar para nenhum dos outros números e seu primeiro celular ficar com a bateria descarregada.)

É impressionante ver Betsy em ação. Mas não só isso. *É profundamente tranqüilizador.* Você viaja para a maioria dos países do mundo sob uma grande nuvem de ansiedade. Como todos os viajantes sabem, nas viagens aéreas predomina a Lei de Murphy: se algo puder dar errado, dará. Repetidamente.

Quando você voa para Denver para visitar Betsy e a empresa dela, dorme durante todo o vôo. Quando escolhe as pessoas com quem quer trabalhar, escolhe alguém para quem Betsy trabalha, porque ela lhe oferece algo que falta em grande parte da vida: previsibilidade.

Prepare-se para tudo, proteja-se contra tudo e sempre tenha um plano de contingência.

Esperteza

Há quase vinte anos, um jovem executivo da propaganda participou de uma mesa-redonda diante de uma centena de pessoas. Com uma indiferença estudada, ele tirou de sua pasta e pôs sobre a mesa, para que todos vissem, um aparelho incomum — o que era então chamado de "telefone celular".

Naturalmente, ele fez isso para mostrar sua importância. Não se colocou na platéia e viu o que as pessoas viram: um jovem inseguro.

Um executivo de contas de uma grande agência de publicidade sediada em Manhattan estava diante dos principais executivos de marketing de uma empresa Fortune 200. O conselho diretor havia convidado representantes de três agências para um briefing antes de apresentarem suas propostas para a empresa. A natureza dessa reunião sugeria o que os anfitriões queriam: uma oportunidade de apresentar as regras especiais para as apresentações e fornecer todas as informações de que cada agência precisava.

Contudo, esse executivo em particular achou que era esperto, que poderia fazer sua agência tomar a dianteira impressionando o cliente. Pelo menos a cada oito minutos ele encontrava um momento — freqüentemente de grande tensão — para mencionar o trabalho anterior de sua agência para vários clientes Fortune 100.

Os possíveis clientes não ficaram impressionados. Eles ficaram indignados pelo executivo achar que poderia enganá-los. Sentiram-se pouco à vontade com aquele homem que não conhecia as regras da reunião: *você está aqui para nos ouvir e fazer perguntas.*

O executivo estava convencido de que era possível enganar as pessoas.

Uma executiva estava fazendo uma apresentação para a BIC Corporation. Ela havia se preparado bem para isso, mas se esqueceu de uma coisa importante.

Uma caneta BIC.

Vários minutos após o início da apresentação, ela percebeu seu erro. Tentou esconder sua Paper Mate, mas esse esforço foi óbvio demais. Para piorar o problema, a falta da caneta a distraiu tanto que ela deixou de ouvir uma das perguntas do possível cliente.

Finalmente ela se desculpou, saiu da sala e voltou com uma caneta BIC na mão. Também deixou a sala com a BIC — mas sem o contrato da BIC.

Você pode enganar algumas pessoas de vez em quando. O único problema é que as pessoas que você pode enganar são justamente aquelas com quem não quer fazer negócios, em parte porque, se você pode enganá-las, outra pessoa também pode, e enganará.

Nunca tente enganar ninguém.

Uma coisa a evitar

Reza um velho ditado que nunca devemos discutir religião ou política.
Não discuta.
Nada de política.

E outra

Todo mundo acredita e adora algo de um modo um pouco diferente. Mas as pessoas gravitam em torno do que encontram em você que é parecido com elas. Quanto mais você explora sua fé, mais pode parecer distante.
A regra ainda é a mesma: nada de religião.

Também não diga isso

Você está em um encontro quando Sally se apresenta. Ela trabalha na Acme.
Nunca pergunte: "O que a Acme faz?"
A Acme pode estar patrocinando o evento e Sally ficará pasmada por você não saber disso ou o que a empresa dela faz.
Ou a Acme pode ser apenas uma empresa de médio porte mas ainda assim Sally se orgulhar dela. Você a magoará não sabendo coisa alguma sobre sua empresa.
Ou Sally é a dona da empresa, se orgulha ainda mais dela e ficará ainda mais magoada.
"Eu ouvi dizer que vocês estão se saindo muito bem!" Não diga isso se não o ouviu. É arriscado, por outro motivo: a Acme pode ter apresentado uma queda de 30% no trimestre, o que você saberia se tivesse lido a seção de negócios dessa semana.
Aparentemente você não leu, o que o faz parecer não só mentiroso como também desinformado.

Pense apenas: "Qual seu papel ali?"

Sexo (finalmente!)

O *New York Times* publicou um artigo sobre empresários que viajam com suas mulheres e notou uma tendência comum geralmente do sexo masculino. Eles levam suas esposas na primeira metade de uma viagem de negócios — e suas amantes na segunda.
O artigo também observou o que os executivos em viagem não conseguiam ver. A única coisa que qualquer um em suas empresas admirava neles era sua audácia. Os comentários das pessoas, até mesmo das liberais e complacentes, sugerem que podemos perdoar as falhas alheias, mas esperamos que sejam mantidas em segredo.
Os comentários também nos lembram que as pessoas temem que quem quebra promessas de casamento quebre outras promessas também.

No quarto, sim. Na sala de reuniões, não.

Mais sexo

Recentemente ficamos sabendo sobre Emma, que fora repudiada por um antigo amigo e parceiro comercial. Ele disse que poderia manter sua amizade com Emma se e quando ela finalizasse seu divórcio ou parasse de jantar com outros homens enquanto seu divórcio estava pendente. Até isso ocorrer simplesmente não poderia se associar a ela.

Esse homem moralista estava atualmente casado com uma mulher que era casada quando eles tiveram do primeiro ao oitavo encontro. Durante todo o romance ele sentiu uma afinidade especial com ela, talvez em parte porque tinham algo em comum. Ele também era casado.

Contudo, sentia-se profundamente ofendido com o comportamento de Emma — um comportamento idêntico ao dele.

Cuidado. Não será apenas aos puritanos que você ofenderá. Será aos namoradores, canalhas, desonestos e devassos.

Política e religião são assuntos péssimos; sexo é pior ainda.

Sexo: ótimo na teoria, péssimo na prática.

Como fazer com que acreditem em você

Admita um ponto fraco.

Isso acabará com a resistência de algumas pessoas e dará credibilidade às suas afirmações dos pontos fortes.

Anos atrás, alguns pesquisadores descobriram que pequenas críticas a um candidato a um emprego tornavam os elogios nas referências desse candidato mais verossímeis e eficazes. As pessoas que liam as fichas tendiam mais a entrevistar o candidato que tinha recebido essas críticas gentis.

Admita um ponto fraco.

Segredos

Guarde-os. Proteja-os pelo que são: presentes sagrados.

Eles lhe são dados porque você conquistou a confiança do confidente, a essência de todo ótimo relacionamento. Guarde-os e suas amizades se aprofundarão. Revele-os e pouco a pouco verá um resultado notável: um claro exemplo de círculo vicioso.

Você revela a confidência. Agora a pessoa para quem você a revelou sabe o segredo e algo mais:

Sabe que você não é confiável. Ela tem vários amigos e lhes revela sua traição. Eles espalham a notícia para outras pessoas, que fazem o mesmo.

As traições se espalham como vírus.

As próprias palavras sugerem algo aqui. Nós "confiamos" nas pessoas com quem nos sentimos "confiantes": essas palavras têm a mesma origem. Mas se eu não posso confiar em você, não posso desenvolver um relacionamento duradouro com você e outras pessoas também saberão disso.

Guarde todos os segredos.

Erros

Admita-os.
As pessoas acham que quem os admite é honesto e acreditarão em tudo mais que você lhes disser.

Elas acham que quem nunca admite erros é inseguro e não totalmente confiável.

A essência de todo ótimo relacionamento é a confiança. Admitir erros é um dos modos mais rápidos de desenvolvê-lo.

Confesse.

Faça o bem, nem que seja por motivos egoístas

Vinte anos atrás, três homens jovens saíram correndo em busca de riqueza e fama. Nenhum deles voltou. Além de sua frágil amizade uns com os outros, os três partilhavam uma convicção de que trabalho duro combinado com esperteza um dia os tornaria ricos. Uma noite um deles confessou que "a imagem é tudo" e se pôs a criar uma.

Cada qual fez grandes negócios ao longo de seu caminho. Por vários anos eles ganharam recompensas e seu sucesso fez seu caminho parecer atraente para os outros. O trio também fez parecer que a vida é um jogo de soma zero: para ter você deve pegar. Faça isso com suficiente esperteza e não será apanhado; realmente ficará rico. Talvez outros os tenham seguido.

No final, cada um aprendeu algo surpreendente.

Ao contrário do que afirma o pensamento convencional, a vida é justa.

Para ver como isso funciona, pelo menos no caso daqueles que acham que o sucesso deve vir à custa dos outros, pense na descoberta de um grupo de psicólogos a partir de testes feitos nos últimos 15 anos.

Nesses testes, chamados de "Ultimatum Games", duas pessoas são designadas para uma equipe. Os líderes do teste dão 100 dólares a Al e a seguinte instrução: você pode oferecer uma grande ou pequena parte disso à sua colega de equipe, Brandy. Se a Jogadora B aceitar sua oferta, vocês dois ficarão com o dinheiro. Se ela recusar, vocês ficarão sem nada. Você terá de devolver o dinheiro.

A lógica insiste em que Brandy, que nada tinha, ficará feliz com o quanto lhe for oferecido. Se Al quiser guardar 80 dólares e lhe dar 20 dólares, ela seria uma idiota em recusar. E se recusar, eles perderão tudo. Ela perderá 20 dólares.

Mas perder esses 20 dólares é exatamente o que Brandy decide regularmente fazer. Na verdade, em uma série de experiências, Al ofereceu a Brandy em média 40 dólares. Mesmo assim, a cada seis casos, em um Brandy recusou.

Porque não importa o quanto repitamos que "a vida não é justa", ainda insistimos em que deveria ser. Sempre que podemos controlar o resultado, insistimos em justiça.

Nós exigimos justiça. Punimos os fraudadores e agimos contra aqueles que achamos que quebraram as regras.

Os leitores serão incentivados a aprender algo mais com essas experiências. Na maioria dos casos e das culturas, Al oferece a Brandy um negócio justo: uma divisão meio a meio. Portanto, não só Brandy tende a exigir justiça como Al tende a oferecê-la. Após anos ouvindo a Regra de Ouro, as pessoas aparentemente tendem a segui-la.

Aqueles três jovens pensavam de um modo diferente. Achavam que a vida poderia funcionar como *O poderoso chefão* ou talvez como, em sua visão limitada e errada, funcionava para Donald Trump. Em vez disso, a vida funcionava como nas experiências do

Ultimatum Game. Cada qual atingiu um platô e depois caiu. Ninguém estava esperando para segurá-los. Faça o bem para as pessoas e elas o farão para você. Aja de outra maneira e os três jovens o lembrarão do que acontece.

Seja sempre justo e as recompensas virão. Caso contrário, as punições serão enormes.

Como causar uma ótima primeira impressão

Na primeira vez em que você prometer algo a alguém, indique o prazo exato em que cumprirá sua promessa.
Então o adiante em meio dia.

Diga à tarde e entregue de manhã.

Sobre criticar

Alice Roosevelt Longworth tornou-se famosa por sua frase que capta a essência da fofoca. "Se você não pode dizer nada de bom sobre alguém, venha se sentar aqui do meu lado." (Ela também é conhecida por um comentário que fez um dia após o nascimento de seu primeiro filho, quando tinha 41 anos: "Eu experimentarei tudo uma vez.")
Mas o que Alice certamente não se tornou foi uma amiga. Muitas pessoas a evitavam totalmente enquanto outras nunca se sentiam suficientemente à vontade para estender sua amizade com ela. Elas eram inteligentes. Sabiam instintivamente que quem fala mal dos outros falará mal de você.
Dale Carnegie reconheceu isso décadas atrás. Ele dava ênfase a falar positivamente, não criticamente, porque sabia que as pessoas temem dar força às críticas. Baseadas em suas experiências, temem que uma pessoa crítica acabe criticando-as.
Elas estão certas.

Acentue o positivo.

A bajulação não leva a lugar algum

A frase anterior é famosa e verdadeira. A bajulação falha. Com freqüência, é um tiro que sai pela culatra — uma forma de elogio que se trai. Muitas pessoas consideram Dale Carnegie o Padrinho da Bajulação Comercial. Seu lendário livro pareceu incentivá-la, fazendo com que ele ganhasse a inimizade de dúzias de críticos. O conselho de Carnegie confirmava para esses críticos que os negócios eram, como muitos filmes populares estavam revelando, um refúgio para manipuladores maquiavélicos.

Mas o fato de nossa linguagem apresentar tantos sinônimos feios para a falsa bajulação — "puxa-saquismo" é um favorito — sugere o quanto ela é malvista. Na verdade, Carnegie pregava algo diferente. Defendia uma visão da vida concentrada no que era bom. Via o que era bom nos outros e se concentrava ali. Não achava muito útil se concentrar nos dentes feios de um homem e parecia notá-los bem menos do que notava os cabelos fartos do mesmo homem.

Nós desprezamos falsos elogios e quem se aproveita das fraquezas alheias, mas admiramos as pessoas que fazem elogios sinceros. Nós as consideramos cordiais, otimistas, generosas e seguras.

Nós buscamos e adoramos elogios. Quando você os faz, dá um presente.

Elogie freqüentemente e nunca bajule.

Chega do Sr. Durão

Quinze anos atrás, o grande salvador das empresas da América era tão implacável que recebeu o apelido de um personagem famoso em um filme de terror: o Serra Elétrica. Cinco anos depois, não era o homem — Al Dunlap, CEO da Sunbeam — que parecia difícil, mas o problema de sua empresa. Suas ações despencavam e o que havia sido cortado foram os funcionários da Sunbeam e o futuro da empresa.

Phil Purcell, que mais ou menos nessa época dirigia a Morgan Stanley, também era tão implacável que, quando sua empresa se fundiu com a Dean Witter, muitos apelidaram a nova dupla de "A Bela e a Fera". Purcell dirigia a nova empresa com a proverbial mão-de-ferro, mas quando as pessoas sentiam sua mão escapavam — gerentes, corretores, investidores e, por fim, mais aflitivamente, os clientes.

Nós saímos de uma grande guerra há sessenta anos. Em seguida, escolhemos como modelos de liderança os homens endurecidos nessas batalhas. Adotamos o slogan: "Quando as coisas ficam difíceis, os duros sobrevivem."

Mas essa guerra foi ganha e o mundo dos negócios que um dia seguiu suas lições não é mais, conforme aprendemos, um campo de batalha. Além disso, para muitas pessoas, nossas guerras não parecem mais heróicas.

Uma nova geração se esqueceu desse passado e não demonstra interesse em revisitá-lo. Essas pes-

soas não estão alistadas em um serviço, mas são compradoras que procuram um modo de ter uma vida gratificante. Se você puder ajudá-las, ótimo. Se não puder, elas seguirão em frente.
Você pode tentar ser duro mas isso produzirá erros. Se você quiser vender a si mesmo, sua visão, seus objetivos, seu produto ou seus funcionários, não escolha a guerra como seu modelo.
Em vez disso, escolha a paz.
As gravatas do poder estão agora acumulando pó nas prateleiras. Claramente, seus dias passaram.

Evite fazer o papel do durão.

Cuidado com os pechincheiros

Se os compradores pechinchassem apenas pelo preço, poderiam ser bons clientes.
Infelizmente, a maioria pechincha por tudo. Querem mais por menos.
Isso exige tempo. Também exige sua paciência, diminui sua alegria no trabalho e reduz suas margens. Se você somar todos os custos, quase sempre excederão os benefícios.

Cuidado com os pechincheiros.

O poder de seu preço

Um planejador financeiro estabelecido em Scottsdale, Arizona, ganhava o que precisava, mas não o que queria, e partiu em busca de respostas. Durante dois anos ele leu livros sobre vendas e marketing e experimentou técnicas diferentes, mas os negócios continuavam apenas bons. Um dia, inspirado ao ler que vários produtos e serviços tinham superado seus concorrentes simplesmente elevando seus preços, ele decidiu fazer o mesmo. Aumentou em 40% o preço médio de sua hora de trabalho.

No primeiro ano após esse aumento, sua renda aumentou 65%. Hoje sua renda anual é quase 150% maior. Ele interrompeu praticamente todas as suas outras atividades de vendas e marketing porque tinha todo o trabalho que podia fazer.

Isso deu certo para a Timberland, a American Express e várias universidades americanas.

Cobre mais.

O poder de seu preço, parte dois

Ao ouvir a história anterior, o marido de uma decoradora de interiores canadense contou animadamente a experiência de sua mulher.

Durante dois anos, ela havia cobrado 75 dólares por hora de trabalho, o preço dos melhores decoradores de interiores de sua província. Os negócios iam bem, mas não otimamente.

Então ela aumentou seu preço para 125 dólares por hora.

Seu marido conta que o efeito foi imediato. Ela passou a ser mais requisitada por pessoas ansiosas para trabalhar com "a melhor decoradora de interiores" da região.

A taxa de conversão dela também aumentou. Uma vez que os possíveis clientes acreditavam estar lidando com a melhor decoradora da área — a conclusão a que chegavam ao ouvir seu preço — tendiam mais a dizer: "Quando podemos começar?" As vendas tomavam menos tempo.

O aumento no preço produziu outra recompensa inesperada. A mais afluente clientela pagava mais rápido, de bom grado e sem falhar. O dinheiro fluía mais rápido. O controle das contas a receber também passou a tomar menos tempo.

"Foi incrível", disse o marido. (Ela estava ocupada trabalhando em casa quando ele contou essa história.) "Eu nunca havia imaginado que tudo isso fosse acontecer. Só queria que ela ganhasse o que ganhava antes, mas trabalhando menos."

Prove sua capacidade com seu preço.

Tempo

Algumas pessoas o concedem e outras o tomam. Avalie isso imediatamente. Conceda generosamente seu tempo às pessoas que o concedem e evite as que o tomam.

Seu tempo é precioso. Dedique-o às pessoas que você preza e que o prezam.

Como se lembrar de nomes

Provavelmente você já ouviu as famosas palavras de Dale Carnegie — que o nome de uma pessoa soa para ela como a palavra mais bonita em seu idioma.

Contudo, se você é como 95% de todos os leitores, esse conhecimento não o ajuda muito. Ainda se esquece freqüentemente de nomes. Um consolo para isso é que as pessoas que são melhores em se lembrar deles muitas vezes também os esquecem.

Mais uma vez, o segredo para melhorar é reconhecer que você pensa visualmente em vez de verbalmente. Sua mente luta para se lembrar de palavras, a menos que sejam repetidas com tanta freqüência que não possam ser esquecidas.

Nós nos lembramos mais de imagens.
Aprendemos isso em marketing. Repetidamente, participantes de testes não conseguem se lembrar das palavras de um comercial mas se lembram claramente de todas as suas imagens. Em outros testes, não conseguem se lembrar dos nomes das empresas mas reconhecem seus símbolos.

Tire vantagem disso. Traduza o nome da pessoa em uma imagem.

Use as abordagens a seguir que funcionem melhor para você. Cada qual funciona para algumas pessoas.

Primeiro imagine que a pessoa é alguém que você já conhece pelo mesmo nome. O estranho Jim se torna seu amigo Jim Phillips. Então você nota que os dois Jims têm compleições e linhas do cabelo parecidas, o que torna mais fácil se lembrar do estranho Jim.

Ou imagine que a pessoa é alguém com um nome famoso. Você não consegue visualizar Tom, mas pode transformar esse homem em "Tom Cruise". Novamente, note um traço físico, talvez cabelos escuros e fartos, que imediatamente associe a Tom Cruise.

Finalmente, veja se pode traduzir o próprio nome em uma imagem. O Estranho Jim pode ser um "gym". Se o estranho Gym parecer em boa forma física, pense nele levantando pesos ou simplesmente faça uma associação de idéias: "Ele se exercita em uma academia." Tom pode ser traduzido na imagem de um gato, Julie nas jóias em seu pescoço ou seus dedos, Harry em seus cabelos louros desgrenhados.
Experimente fazer isso. Mas seja o que for que fizer, não tente se lembrar do nome.
Em vez disso, lembre-se da imagem.
Então você se lembrará do nome com muito mais freqüência.
Apenas para garantir, chame imediatamente essas pessoas pelo nome, para gravá-lo. Então se concentre em repeti-lo, porque a repetição também desenvolve a memória.

Lembre-se de imagens.

Há esperança

"Eu nunca consegui me lembrar de nomes e parei de tentar."
Gary disse isso três anos atrás. Parece familiar?
Então continue a ler.
Como todos nós, Gary caiu na armadilha de insistir em dizer: "Eu sou quem sou." Em parte es-

tava certo: ele era quem era no momento em que disse isso.

Mas quando ele passou de um jogador de tênis que você não conseguia suportar ver para um que podia competir com três quartos de seus amigos, Gary decidiu que a prática poderia funcionar. Tinha certeza de que não seria perfeito e estava certo; ele é levemente disléxico.

Mas Gary continuou a praticar. Desenvolveu outra tática para se lembrar, que era dizer logo após uma apresentação: *"David*, de onde você é?" Para gravar ainda mais o nome, dizia: "Você me lembra meu amigo *David* Banner", mesmo quando a semelhança era pequena.

Gary melhorou.

Você é quem é, mas se torna o que faz. Gary continuou a fazer isso e se tornou melhor.

Ele notou uma mudança. "Quanto mais uma pessoa me ouvia dizer o nome dela, mais se envolvia comigo. Quanto mais se envolvia comigo, mais eu me sentia envolvido e ligado a ela. Dava para sentir a diferença.

"Mesmo que lembrar de nomes nunca tenha me ajudado a assinar um contrato, melhorou muito meus relacionamentos."

Apenas pratique.

Seu cartão de visita

Você freqüentemente ouve falar sobre primeiras e últimas impressões. Contudo, raramente ouve falar sobre como são pequenas as chances de causar *qualquer* impressão. Você cumprimenta uma pessoa, conversa com ela, entrega-lhe um cartão de visita e lhe diz adeus. Um cumprimento, uma conversa, um cartão de visita: isso é tudo.

O que resta? Uma lembrança cada vez mais vaga de você e da conversa — e o cartão de visita, o único lembrete palpável e visível.

Seu cartão de visita também fornece uma de suas poucas chances de comunicar o que deve: que você é diferente.

Isso explica por que as pessoas na indústria do alumínio deveriam pensar em fazer cartões de alumínio e o mesmo tipo de idéia se aplica às pessoas em indústrias como as de fibra, caixas corrugadas e microprocessadores. É por isso que o diretor de uma escola de natação deveria pensar em fazer cartões transparentes azul-piscina e todos deveriam pensar em cartões de diferentes dimensões, materiais e mensagens.

Você deseja ser expressivo, memorável e especial.

Viu cartões com artifícios publicitários, mas concluiu que não funcionam. Está certo: as pessoas detestam artifícios. Elas os associam a quem tenta muito, ridiculamente, causar uma impressão.

Você não precisa de um artifício; só precisa de uma afirmação clara e autêntica. Como isso é tudo que a pessoa terá para se associar com você, pode se dar ao luxo de não ser expressivo, memorável e especial?

Agora pense em outro ponto vital. Poucas pessoas gostam que lhes vendam. Um "cartão de negócios" basicamente comunica: "Eu gostaria de sua empresa." Mas você precisa estabelecer um relacionamento antes de tentar fazer uma venda, o que leva a uma conclusão óbvia, porém importante.

Você precisa de um cartão que não seja de negócios.

Entre outros benefícios, os cartões que não são de negócios causam impressões distintas porque poucas pessoas os usam. Comunicam uma mensagem pessoal: por favor, telefone para mim, não para minha empresa. Isso afasta a discussão dos negócios, o que diminui a resistência do recebedor.

Como fazê-los direito? Telefone para uma agência de propaganda bem conceituada e peça para falar com o diretor de arte. Diga-lhe que precisa de um bom designer, preferivelmente com experiência em cartões de visita. (Caso esteja se perguntando se as pessoas irão ajudá-lo, a resposta é sim, as criativas o farão de bom grado.)

Procure três designers recomendados (peça amostras e orçamentos). Se o orçamento parecer exorbitante, faça duas coisas.

Pergunte-se: posso me dar ao luxo de não causar uma ótima impressão?

Ou vá à melhor papelaria de sua área e faça a mesma pergunta. Se na cidade em que você vive houver uma escola de design, telefone para lá, fale com um professor e lhe peça para recomendar um aluno. O aluno precisa adorar a experiência e ser suficientemente talentoso para produzir um cartão especial e eficaz.

As pessoas notarão.

Cartões de Natal

Milhões de empresas enviam cartões de Natal a clientes e parceiros comerciais.

Esse é um dos motivos pelos quais você não deve enviá-los.

As pessoas recebem muitos desses cartões em uma época em que têm pouco tempo para apreciá-los, o que torna menos provável que se lembrem de você e sua mensagem. (Muitas delas jogam fora os envelopes sem abri-los.)

O pior é que você se verá enviando tantos cartões em uma época em que está tão apressado que ficará tentado a escrever simplesmente: "Obrigado e Boas Festas."

Imagine o que isso transmite. "Jane estava com tanta pressa que me disse a mesma coisa que disse para todos." O leitor tira uma conclusão que parece óbvia:

"Eu sou apenas mais um para Jane. Não sou grande coisa."

Nós ansiamos por ser tratados como se fôssemos importantes. A menos que você possa escrever dúzias de cartões atenciosos e pessoais no final do ano, não os escreva.

Em vez disso, encontre ocasiões especiais durante todo o ano para escrever não para vinte pessoas, mas para uma de cada vez. Escolha um momento apropriado exclusivamente para o cliente. O do aniversário é bom, mas um cartão que mostre que você sabe mais sobre a pessoa funciona muito melhor. Por exemplo, escolha a data do nascimento do primeiro filho dela ou um dia depois de a *alma mater* dela ganhar um grande jogo.

O modo mais claro de mostrar a uma pessoa que ela é importante é não se apressar. Você deseja ser notado. Portanto, não envie mensagens esperadas em momentos esperados. Envie mensagens especiais e muito pessoais em momentos especiais — especiais apenas para essa pessoa.

Isso não tem a ver apenas com como você agradece, mas com quando e o quão bem agradece.

Como escrever um memorando impressionante

Em cada grande memorando há um pequeno gritando para sair e um leitor que deseja que faça isso. *Escreva uma página.* Se isso for impossível, resuma o memorando no primeiro parágrafo. Diga o que quiser, especifique os próximos passos propostos e peça *claramente* uma resposta.

Acima de tudo, abrevie.

Acompanhamento

Eric fez isso; todo mundo faz.
Você sabe com que freqüência?
Eric acabara de entrevistar quatro candidatos a uma posição em sua empresa de design. Ele os tinha escolhido de uma lista de dez e agora não estava sendo fácil diferenciá-los. Todos pareciam experientes, afáveis, motivados e envolventes.

Em resumo, Eric se viu na posição de milhares de pessoas nas empresas todos os dias. Quem escolher?

Quem *ele* escolheu?

O primeiro candidato que lhe escreveu após a entrevista.

Com mais freqüência do que imaginamos, essa é a diferença na venda. Vários anos atrás, a BellSouth descobriu que seus dois grupos de tele-suporte a grandes clientes comerciais tinham um desempenho diferente. Um costumava ser bem avaliado pelos clientes, mas o índice de satisfação com o outro era 40% maior.

Qual era a diferença? O grupo com o índice de satisfação maior tinha uma política de acompanhamento por escrito dentro de 24 horas após cada contato com o cliente. O outro grupo não tinha qualquer política e geralmente dava seus telefonemas de acompanhamento mais de dois dias depois.

Faça o acompanhamento dentro de um dia.

Arranque a vitória das garras da derrota

Você ganha um pouco e perde muito.

Todos nós sentimos isso, e nos aflige o dia inteiro e no dia seguinte.

Nesses momentos, ajuda lembrar que o campeão da World Series só tem de vencer quatro dos sete jogos — e freqüentemente é só o que vence. Os melhores rebatedores erram o dobro de vezes do que acertam. Até eles logo percebem que a perfeição não pode ser atingida, mas a excelência sim. Tiger Woods disse exatamente isso. "Eu não busco a perfeição, porque é inatingível. Tudo o que busco é a excelência profissional."

Contudo, você tem uma vantagem sobre esses atletas. Um eliminado é um eliminado e uma tacada perdida no golfe está perdida para sempre.

Mas os negócios funcionam de um modo diferente. Você não consegue o contrato, o emprego, a entrevista com o possível cliente.

Alguém consegue, mas depois falha. Na verdade, falha freqüentemente. Pesquisas de recursos humanos mostraram que apenas 25% das decisões de contratação são boas; uma porcentagem igual se revela um total fracasso.

As mesmas porcentagens se aplicam aos negócios. Eles vêm, mas freqüentemente vão.

Onde você estará quando eles surgirem de novo? Você chegou às finais.

Então envia uma carta a essa pessoa.

"É claro que fiquei desapontado em saber que você tomou um rumo diferente, mas sou muito grato por ter me levado em consideração. Se algo mudar, espero que se lembre de me procurar."

Dois meses depois, telefone para o possível cliente com um gentil lembrete de que você sempre estará interessado. Sua persistência o impressionará,

mas outra coisa o impressionará ainda mais. As pessoas admiram quem sabe perder.
Como sussurrou certa vez um homem sábio: "Todos podem lidar com a prosperidade. Por outro lado, lidar com a adversidade com dignidade impressiona as pessoas — para sempre."

As vitórias vêm e vão. Se você persistir, as derrotas também.

Busque a mudança

Este ano, surgirão mais de trezentos livros sobre como emagrecer. Contudo, reportagens garantem que, no final do ano, mais americanos estarão acima do peso do que em qualquer outro momento da história dos Estados Unidos.

Presumimos que os livros de dieta fornecem conselhos úteis que as pessoas seguem.

Então o que dá errado?

Este ano também veremos centenas de livros prometendo o mesmo que este: ajudá-lo a prosperar no trabalho. E em dezembro milhões de pessoas acharão que estão exatamente no mesmo ponto em que começaram, em janeiro.

O conselho é falho? Em alguns casos, talvez. Contudo, uma das questões freqüentemente levantadas é "eu estive lá, ouvi isso". As pessoas acham que já ouviram o conselho, portanto não deve ser aquele de que precisam. Concluem que precisam de algo novo.

Mas o conselho não é menos verdadeiro ou valioso só porque já foi dado. E é repetidamente dado porque é repetidamente ignorado: até mesmo os consultores muitas vezes deixam de segui-lo. (Se nós seguíssemos o nosso, teríamos escrito mais cem bilhetes de agradecimento no ano passado.)

"Eu sei disso", dizemos a nós mesmos presumindo que, como temos o conhecimento, costumamos agir de acordo com ele.

Não agimos.

Nós ouvimos o conselho e, em vez de começar a fazer alguma coisa, nos acomodamos. Sentimo-nos confortáveis com a idéia de que o seguimos o tempo todo.

Vemos um paralelo perfeito nos negócios. Dizem que precisamos de algo novo e diferente. Olhamos ao redor e percebemos que as pessoas não precisam do "novo e diferente". Precisam do "velho e necessário". São como o time de futebol que conclui que, para ser bem-sucedido, precisa de jogadas mais criativas e imprevisíveis. Você olha e diz: "Parece que a primeira coisa a fazer é dominar o bloqueio e a defesa."

Então, por favor, faça isso. Sinta-se livre para presumir que já sabe tudo o que está lendo neste livro. Mas depois fique desconfortável. Presuma que não está agindo de acordo com *nada* desse conselho. Se estiver, presuma que não está fazendo o suficiente. Faça mais.

Leia este livro e aja de uma maneira diferente. Concentre-se em uma página por dia, uma idéia por dia. Aja de acordo com ela.
Não busque tranqüilização. Busque a mudança.
Depois continue a buscar.

A mensagem em *Moneyball*

Michael Lewis não pretendia que *Moneyball* fosse uma história de terror.
A princípio, poucas pessoas o leram como se fosse. A maioria se divertiu com a história maravilhosa do Oakland Athletics e seu herói/gerente-geral, Billy Beane.
O livro combinou dois antigos clássicos, *Rumpelstiltskin* e *David e Golias*. Beane pegou um pouco de palha — um pequeno orçamento operacional — e o transformou em ouro. Com palha, criou uma equipe que confrontou "grandes equipes do mercado" com seus jogadores-astros de 27 milhões de dólares por ano e as arrasou.
Moneyball encanta você e depois o choca.
Você achava que o livro era sobre desprezar o pensamento convencional e conseguir muito com pou-

co, porque o que Beane via de um modo diferente — por necessidade financeira — era o quão erradamente o beisebol havia avaliado a produtividade *por mais de um século.*

E isso não deveria ter acontecido. Durante décadas, o beisebol arcara com o peso de mais avaliações estatísticas de desempenho do que qualquer outra atividade humana.

Num gesto louvável, os treinadores e gerentes-gerais ignoraram esses detalhes infinitesimais. Mas nem eles e nem os fãs jamais ignoraram as estatísticas mais freqüentemente citadas no beisebol.

Durante décadas, todos consideraram a média de rebatidas de um jogador a medida definitiva de sua produtividade ofensiva. Os jogadores que rebatiam .300 — em média três em cada dez vezes no bastão — encerravam qualquer discussão. Ganhavam campeonatos.

Então surgiu um grupo estranho. Eles se autodenominavam analistas estatísticos de dados de beisebol. Uma dessas pessoas encontrou os registros de todos os grandes jogos da liga das vinte temporadas anteriores, os empilhou em caixas e se trancou com eles em seu apartamento de Boston durante meses.

Quando saiu dessa hibernação, Bill James estava convencido de que todos estavam errados.

Concluiu que, no beisebol, as eliminações valem ouro. Uma equipe só pode usar três a cada ciclo. Quer o mínimo possível de jogadores eliminados, pelo menos até conseguir que alguns homens avancem nas bases e marquem pontos.

Mas as rebatidas não eram o único modo de evitar eliminações.

Havia a "caminhada". Contudo, durante décadas, até mesmo o mais astuto fã de beisebol achou que ela não representava uma conquista, mas um fracasso: o fracasso do arremessador em lançar a bola pela base do rebatedor pelo menos três vezes em sete lançamentos.

Mas James descobriu que a "caminhada" não era sempre, ou até mesmo freqüentemente, o resultado do fracasso de um arremessador. Se fosse, ocorreria por acaso. David, um jogador da terceira base que rebate .260, deveria caminhar com tanta freqüência quanto José, o jardineiro esquerdo que rebate .335.

Mas James descobriu que alguns jogadores eram muito bons em caminhar, enquanto outros não. David, todas as semanas, todos os meses e anos, caminhava mais freqüentemente do que José.

E as caminhadas eram importantes, porque não usavam eliminações. Um jogador que rebatia .260 na verdade podia ficar mais freqüentemente na base do que um que rebatia .300, com menos eliminações e, portanto, ajudando a produzir mais pontos ou corridas.

Nenhuma equipe jamais valorizara — figurativamente ou literalmente, em dólares e centavos — os jogadores que caminhavam. A breve história de *Moneyball* é que Beane leu as descobertas de James, contratou jogadores que ficavam na base freqüentemente e começou a ganhar. Muito.

O que isso tem a ver com você? Tudo.

Se, após todo esse tempo e dados, o beisebol não podia calcular quem era valioso, quanto as avaliações de desempenho são exatas em seu trabalho? Quanto você é bom, e parece ser, para os outros?

Você tem um bom desempenho e parece destinado ao sucesso — ou talvez seja demasiadamente quieto, ruidoso ou neutro. Parece muito trabalhador — ou relaxado. É bom com os clientes, ou talvez não seja.

Para ser valorizado pelo seu trabalho, você precisa ter consciência não só de como é avaliado mas também das impressões que causa. Seu conhecimento profissional e talento influenciarão essas percepções, mas essa é apenas uma influência. Nos negócios, para onde quer que você olhe há pessoas vendo outras que acertam grandes jogadas e concluindo que são talentosas, mal notando aquelas que realizam muitas caminhadas.

Algumas pessoas o subestimarão. Trace um plano para evitar isso.

O SANDUÍCHE DE 18 MILHÕES DE DÓLARES E O DINOSSAURO: SUCESSOS E MARAVILHOSOS FRACASSOS

À procura de Larry Gatlin

Ele disse não, por um bom motivo.
Larry Gatlin, cantor de música country e ganhador do Grammy, tem uma segunda paixão na vida — o golfe. Todos os anos, esse amor inspira centenas de pessoas a lhe pedir para se apresentar em seus torneios.
Meu Christine Clifford Celebrity Golf Invitational foi um desses eventos. Mas quando eu soube que Larry estava vindo a Minneapolis para participar do espetáculo *The Civil War*, pensei imediatamente em Nido Qubein. Eu o conhecera um ano antes, em um evento da National Speakers Association que ele estava apresentando. Eu lhe disse que tínhamos algo em comum: câncer. Eu e a mulher dele, Marianne, havíamos sobrevivido à doença. Eu lhe pedi seu cartão para poder enviar a Marianne meus livros sobre usar o humor para lidar com o câncer.
Nido se revelou tão capaz de apresentar palestras quanto de traçar uma linha de ação. Havia convencido o Sr. Gatlin a ir ao evento dele — gratuitamente.
Telefonei para Nido. Nido telefonou para Larry e fez a apresentação. Aquilo deu certo.
"Quando Nido disse 'Atenda esse telefonema', Larry respondeu, "Está bem".
Infelizmente, isso não significou que Larry estava pronto para engolir minha isca. Ele expôs seus mo-

tivos para dizer não. Como todos sabiam, era um alcoólatra em recuperação. Queria compensar o tempo perdido com sua família e sua nova neta. Como cantor do Gatlin Brothers, também tinha de ganhar dinheiro para seu grupo.

Com essas informações, tracei o perfil dele — um recurso para fazê-lo reconsiderar sua decisão: estava lidando com um artista que era fanático por golfe, alcoólatra em recuperação, pai coruja e provedor financeiro.

"Nós lhe pagaremos 10 mil dólares", disse-lhe, sabendo que a presença dele renderia muito mais do que isso para nossa causa.

"Agora você falou a minha língua", respondeu Larry.

A companhia de aviação de nossa cidade natal, a Sun Country Airlines, já havia doado dez passagens para usarmos como quiséssemos. Decidi apostar a maioria das minhas fichas nos Gatlin.

"E se nós trouxermos de avião para Minneapolis sua filha, seu genro, sua mulher e sua nova neta — todos eles?"

Depois de uma longa pausa e uma súbita gargalhada, eu me surpreendi com a resposta dele. "É mesmo? Ninguém jamais me ofereceu isso."

Larry pediu para se encontrar conosco para nos conhecer. Concordamos em almoçar com ele no dia seguinte, no Grand Hotel.

Fiquei muito ansiosa. Pensei novamente no homem com quem estava lidando, corri para meu carro e me dirigi para minha próxima parada: o local de meu evento, o Minikahda Club.

Apenas semanas antes, a maior sensação do golfe não era Tiger Woods, mas uma bola. A Titleist havia lançado a Pro V1 e logo ficou claro que essa bola não era comum. Na verdade, fazia tanto sucesso que você não conseguia encontrá-la. Mas eu sabia que tinha de haver Pro V1s em algum lugar, e minha causa interessava a muitas pessoas.

Apresentei meu desafio a Doug Nelson, um profissional do Minikahda.

Doug não tinha uma única bola. Nem mesmo sabia quando chegaria seu próximo carregamento.

Supliquei. (Embora nenhum livro sobre vendas trate de súplicas, vale a pena dizer aqui que às vezes suplicar é sua única chance.) Certamente poderíamos encontrar uma caixa em algum lugar. Sempre há uma solução.

Doug se rendeu. "Eu tenho um estoque particular. Detesto cedê-las — elas realmente são ótimas. Mas você me convenceu, estão à sua disposição para o evento." Ele foi até seu escritório e voltou com minha caixa dourada. Eu o abracei e comecei a me dirigir apressadamente para meu carro. Então vi algo fascinante perto da porta da loja de artigos profissionais: um pequenino par de sapatos de golfe de couro cor-de-rosa para recém-nascidas, colocado ali como se alguém soubesse que eu viria. *Perfeitos.*

Eu os debitei em minha conta, sem pensar no preço. Então me dirigi ao carro e à próxima parada naquele dia cheio.

Meu novo pensamento foi: certamente os alcoólatras em recuperação têm de beber algo. Eu havia observado que muitos recorrem ao café. Mas o importante no presente de Larry era o principal em qualquer presente. Não podia ser óbvio ou comum. Tinha de refletir tempo e reflexão extra.

Eu sabia onde encontrá-lo: no Gloria's Coffee, no centro da cidade, havia uma marca africana rara, um Château Latife-Rothschild dos cafés. Lá também descobri uma caixa igualmente rara de chocolates importados.

Ao voltar para casa, encontrei uma cópia de *Chicken Soup for the Golfer's Soul*, que incluía uma história que eu havia escrito. Eu autografei essa página para Larry. Então dei um último passo: escrevi um bilhete para a neta e juntei aos seus pequenos sapatos de golfe.

"Que você jogue golfe tão bem quanto seu avô."

Arrumei os presentes em uma cesta de vime, embrulhei-a, respirei profundamente algumas vezes e fui correndo para o Grand Hotel para nosso primeiro encontro.

Sim, Larry Gatlin foi ao nosso torneio. Ele teve uma atuação espetacular. Sua equipe ganhou o evento. E sua cordialidade e generosidade conquistaram as trezentas pessoas que assistiram ao seu concerto naquela noite. A pesquisa do câncer também saiu ganhando, quase 270 mil dólares.

Um leitor pode tirar suas próprias lições dessa história, mas várias parecem irresistíveis.

Sempre procure um ponto em comum; nós nos relacionamos melhor com as pessoas com quem temos afinidade.

Invista. Viaje o quilômetro extra e pague o dinheiro extra.

Quando você disser por favor ou obrigado, diga-o inesquecivelmente.

O melhor presente que você pode oferecer é seu tempo.

O melhor cumprimento que você pode fazer é: "Eu entendo algo no fundo de seu coração."

Todos os dias com Morrie

O prédio é tão comum que a maioria das pessoas não o nota. Não há motivo para suspeitar que o que há dentro é de tirar o fôlego. Fica em Anywhere, Minnesota, a cerca de meia hora a oeste do centro da cidade de Minneapolis. É como os prédios típicos dos lugares afastados que têm algo de subúrbio e área rural, exceto por seu tamanho: mais de 11.000m². Não possui qualquer letreiro ou ornamento arquitetônico. Mas quando você aprende mais sobre o homem que está por trás deste prédio, essa modéstia parece coerente.

Para um cidadão norte-americano seu nome logo parece familiar: Morrie. Basta que eles parem por um momento para a palavra "carros" surgir em sua mente: Morrie's Imports, Morrie's Mazda etc.

E essa associação realmente faz sentido. Embora o prédio não seja imponente, os carros que ali estão são tudo, menos comuns: você se depara com quatro surpreendentes Packard 1938 conversíveis tão brilhantes que parecem cobertos com purpurina e três Thunderbird conversíveis clássicos. Vê clássicos mais antigos que não só o fazem lembrar de *O Grande Gatsby* como também dos famosos últimos parágrafos do romance em que o nativo de St. Paul F. Scott Fitzgerald se refere memoravelmente à beleza "proporcional à capacidade de se admirar". Na verdade, a admiração é reverente. Esse homem adora carros. E quanto mais você pesquisa, mais interessante se torna o homem e sua paixão. Quando Morrie Wagener cumprimenta você no escritório na Morrie's Subaru, recebe-o como seu próprio secretário. Insiste em pegar seu sobretudo e lhe trazer café. Certifica-se de que você tem tudo de que precisa antes de se sentar. Após quarenta anos, Morrie finalmente reformou seu escritório, mas ainda é tão modesto quanto ele. A mobília é da Office Depot. A lareira a gás entre as duas janelas que dão para a I-394 é a única coisa que torna esse espaço diferente dos escritórios de mil jovens vice-presidentes nesse trecho da auto-estrada de Minnesota.

"Talvez os holandeses realmente sejam frugais", disse ele, em uma referência à mãe, "e eu sou muito mais como minha mãe do que como meu pai." O pai dele era um comerciante de implementos nascido na Alemanha que acabou se tornando senador estadual pelos condados de Scott e Carver. E embora a frugalidade de Morrie pudesse ser classicamente holandesa, sua criação teve toda a rigidez que associamos aos colonos alemães. Certa vez, o pai dele comprou uma fazenda e insistiu em que todas as nove crianças Wagener trabalhassem nela durante todo o verão.

Improvável como isso possa parecer quando você o conhece, Morrie insiste em que foi o rebelde da família. "Eu saí de casa antes de me formar na Guardian Angels High School." A paixão começou antes. Em seu segundo ano na universidade, Morrie Wagener comprou um Mercury 1947 pelo preço surpreendente de U$100. "Dava para ver que era especial por baixo", disse Morrie. Quase imediatamente ele trabalhou por baixo e em todo o carro. Quatro anos depois, vendeu-o por sete vezes o preço de compra. ("Um lucro de 600 dólares. Quem imaginaria que aqueles acabariam sendo os bons velhos tempos?", pergunta Morrie. Hoje as revendedoras lucram em média menos de 400 dólares em cada carro vendido.)

Com seus irmãos indo para o seminário e a universidade, Morrie, o Rebelde, naturalmente hesitou. Ele acabou decidindo por se matricular no Dunwoody Institute. Tomou essa decisão apenas em parte devido à sua paixão por carros.

"Em parte foi porque eu era inexperiente. Não sabia sobre bolsas de estudo." Então Morrie trabalhou à noite e nos fins de semana em um posto de gasolina para pagar sua taxa escolar no Dunwoody, que era muito menor do que em uma universidade típica.

Morrie se lembra de que era uma boa escola, cheia de jovens que tinham acabado de voltar da Guerra da Coréia. Ele aprendeu ainda mais sobre carros, mas se lembra de algo igualmente importante. "A missão do Dunwoody nunca foi apenas ensinar habilidades técnicas. Também havia uma grande ênfase nos valores. Essas lições realmente foram assimiladas." Essa é uma dívida que Morrie paga todos os dias. Desde 1995 ele é membro do conselho de diretores do Dunwoody e lidera regularmente as campanhas de levantamento de fundos que tornam esse estabelecimento sem fins lucrativos um modelo para escolas técnicas de todos os Estados Unidos.

Seu esforço no Dunwoody — Morrie se formou entre os primeiros da classe de 1957 — foi rapidamente recompensado: dois homens lhe ofereceram empregos. Não admira que, como um jovem que não gostava de carros americanos — "eles eram ruins naquela época" — Morrie tivesse optado por trabalhar em uma pequena revendedora de carros importados nas margens do centro da cidade. Um ano após começar, uma oportunidade surgiu de um modo estranho.

"O dono viajava muito e o gerente de serviços era alcoólatra. Diariamente, ao meio-dia, ele desmaiava. Então eu assumia o departamento de serviços. Não tinha outra escolha."

Contudo, o ambiente disfuncional fez Morrie procurar algo mais saudável. Em 1958, um vendedor da loja adquiriu uma franquia no subúrbio. Morrie aceitou trabalhar com ele. Logo desejou não ter feito isso.

"O cheque de meu primeiro salário foi devolvido. Descobri que aquele homem realmente sabia trabalhar com o público, mas não conseguia administrar seu dinheiro."

Os problemas continuaram. O dono contratou mais cinco técnicos para trabalhar subordinados a Morrie — "e os cheques deles também voltaram." Mas eles não foram embora, por um simples motivo. Morrie os pagava de seu próprio bolso "para pelo menos poderem fazer compras no supermercado e pagar seus aluguéis." Essa generosidade para com seus subordinados parece ser uma peça importante no quebra-cabeças do sucesso de Morrie.

Contudo, ainda mais importantes do que esses relacionamentos internos eram os externos que Morrie formava. Ele estava criando um negócio notável com um cliente de cada vez.

Aquele subúrbio foi outra peça no quebra-cabeças. Como hoje, a área era habitada por profissionais abastados. Eles apreciavam particularmente uma das características peculiares de Morrie. "Os donos da revendedora aumentavam as faturas e eu as diminuía." (Não admira que hoje um belo pôster emoldurado em seu showroom relacione como sua quinta regra para todos os funcionários: "Sempre devolva.")

Morrie se manteve firme e os cheques começaram a ser pagos, embora nunca lhe tivessem sido reembolsados os 2 mil dólares que gastou para cobrir o pagamento dos empregados. Morrie trabalhava mais de noventa horas por semana e ficava com os olhos abertos. Felizmente, entre seus novos clientes gratos havia um psicólogo industrial que estava convencido de que Morrie daria um ótimo dono de revendedora. "Eu saía e trabalhava em seu Triumph conversível e ele tirava um dia livre para ter uma consulta comigo. Esse aconselhamento e incentivo se revelou crucial."

A grande mudança ocorreu em 1996.

A Saab estava tentando estabelecer uma franquia local. Morrie, ainda apreciador de carros importados e até hoje fanático pela Saab, ficou interessado. Tudo de que precisava era de uma soma enorme: 80 mil dólares para o financiamento do imóvel e 16 mil dólares para o financiamento dos carros.

Mas assim como ele havia conquistado fãs em sua crescente base de clientes, a fama de sua dedicação já chegara ao banco local. Sem um plano de negócios debaixo do braço, Morrie entrou em uma tarde no Northwhore Bank na pequena Wayzata, Minnesota. Duas horas depois, saiu com o empréstimo.

Hoje o império de Morrie — 12 revendedoras — se estende ao leste até Chippewa Falls e ao oeste até Buffalo. Esse é um dos negócios mais difíceis do mundo, um "jogo de jovens", como Morrie o descreve: 13 horas de trabalho por dia, sete dias por semana e margens de lucro tão baixas que você acharia que a venda era de ovos e não de carros. "Basicamente é um negócio de 2%." Há o custo dos juros: uma das revendedoras de Morrie pagara no mês anterior U$78.000 apenas em juros.

O que o mantém nesse negócio gigantesco? Em parte sua paixão por carros e em parte a satisfação que provém não só de construir um negócio como também de construir relacionamentos duradouros com funcionários e clientes. "Quando as coisas vão bem", diz ele, "esse é o melhor negócio do mundo." Mas acrescenta: "Quando vão mal, não há nada mais difícil."

Mas com uma segunda casa em Paradise Valley, Arizona, por que ele e sua mulher, de 45 anos, não vão literalmente na direção do pôr-do-sol? Agora mesmo são meros visitantes ali. "Nós vamos nos fins de semana prolongados", diz ele, "cerca de uma vez por mês." Não mais do que isso?

"Como eu disse, quando o negócio de carros vai bem, não há nada mais divertido."

E quando não vai?

"Há a diversão de propor algo para melhorá-lo."

Uma manhã com Morrie o convence de que esse é um homem único. Com um modesto terno cinza, uma gravata preta simples, um par de sapatos informais Florsheim e aparentando mais ser um vendedor de loja do que o dono de toda a cadeia, ele parece com aquele prédio nos subúrbios. Você poderia passar por ele sem imaginar o que esse homem conquistou. Certamente não poderia adivinhar o que havia dentro dele — um cavalheiro no sentido mais real da palavra, talvez até mesmo remetendo a um tempo em que os negócios eram fechados com um aperto de mãos e as palavras eram cumpridas. (Como uma prova disso, veja a afirmação de valores a seguir.)

E depois daquela terça-feira com Morrie, é fácil começar a achar que ele tem razão. Realmente foi um rebelde.

Ainda é.

Os parágrafos anteriores revelam o que tornou Morrie Wagener bem-sucedido e como ele vendeu a si mesmo. Há vários motivos aqui que desafiam nosso formato usual de "uma história, uma moral".

As regras não-tão-secretas de Morrie foram tão importantes para seu sucesso e o de muitas revendedoras que estão afixadas na entrada de todas as que pertencem a Morrie, sob o título "Os Lemas de Morrie":

Sirva. Nosso colega de Minnesota Bob Dylan certa vez cantou: "Você tem de servir a alguém." Vá além disso: sirva a todos.

Dê tudo de si. Isso satisfaz todas as pessoas.

Devolva. Nossos pais estavam certos quando tentávamos esconder biscoitos de nossos irmãos. Eles diziam "divida".

Sempre faça certo. Isso funciona e dá uma sensação melhor.

Continue a aprender. Uma ótima educação apenas começa na escola; nunca termina.

Tudo começa com o amor. Ame sua família, seu trabalho, seus amigos, seus hóspedes e a bênção de acordar todas as manhãs com a chance de realmente ser importante.

Seu sucesso também sugere mais três lições:

Sacrifício. Morrie percebeu que, se você é muito dedicado, as boas pessoas lhe retribuem, e é delas que todo negócio precisa. Seu hábito de diminuir as faturas ia tão além do que as pessoas experimentavam em outras revendedoras que elas se sentiam obrigadas a continuar comprando carros dele.

Não comece pelo dinheiro, mas por algo que o inspire tanto que você ficará o dia inteiro fazendo-o. Morrie adorava carros. Ele descobriu que também adorava se dedicar. Essa combinação o levou além de seus sonhos.

Adapte-se. Quando Morrie era adolescente, o computador mais compacto do mundo pesava 26 toneladas. Ele estava bem estabelecido nos negócios antes de os computadores se tornarem ferramentas, quanto mais produtivos. Mas Morrie nunca presumiu que os velhos modos eram certos; aprendeu novas habilidades, por mais que esse esforço o deixasse desconfortável. E as ferramentas se revelaram indispensáveis para o negócio. Com margens de lucro tão baixas, todo ganho de produtividade pode significar a diferença entre lucro e perda.

Seja um Morrie.

Arnie

Mais uma vez, somente Christine pode contar essa história.

Meu livro *Cancer Has Its Privileges* precisava de um empurrão. Todos os anos as editoras americanas publicam 75 mil novos livros e os possíveis leitores se sentem abarrotados deles. Meu esforço precisava de algo que fizesse os possíveis compradores dizerem: "Parece que vale a pena ler isso."

Eu conhecia a pessoa perfeita para escrever o prefácio: Arnold Palmer. Famoso, ele e outros membros de sua família eram sobreviventes do câncer, e eu o conhecia há quase trinta anos.

"Prefácio de Arnold Palmer" levaria milhares de pessoas a pegar meu amado livro. Telefonei para o escritório de Arnie e falei com a secretária dele, que sugeriu que eu fizesse meu pedido por escrito.

Então eu lhe escrevi uma carta e incluí o manuscrito, destacando uma história sobre golfe para que ele a lesse primeiro. Dentro de três semanas recebi sua resposta.

Ele elogiou a mim e ao meu trabalho, mas escreveu: "Eu ando ocupado demais para escrever um prefácio que faça justiça ao seu livro" e acrescentou que nunca havia endossado nada que não fosse dele ou de uma empresa que o patrocinava.

Aquilo soou como um não.

Eu havia falhado, mas apenas por uma fração de segundo. Dei um telefonema para a Flórida, para o Dr. Clarence H. Brown III, também conhecido como "Dr. Buck", o CEO do M. D. Anderson Cancer Center Orlando. Nós havíamos trabalhado juntos em vários projetos. Contudo, o melhor é que eu já lhe fizera favores sem esperar nada em troca. Havia doado livros para sua biblioteca, aparecido em seu evento anual para arrecadar fundos e feito uma apresentação gratuita como agradecimento pelas apresentações pelas quais ele me pagara. Não menos importante, dada a paixão do Dr. Buck pelo golfe, certa vez eu lhe enviara dois ingressos gratuitos para meu torneio.

Perguntei ao Dr. Buck se ele poderia escrever o prefácio. Ele não só aceitou imediatamente como perguntou se havia algo mais que pudesse fazer para me retribuir.

Ah, havia! *O Dr. Buck é o oncologista de Arnie.*

Eu lhe falei sobre a resposta de Arnie. O Dr. Buck sugeriu que, como Arnie dispunha de pouco tempo, nós lhe pedíssemos para escrever uma introdução, que teria apenas algumas frases e não exigiria que ele lesse todo o livro. Nós poderíamos fazer um rascunho para Arnie, e Buck o levaria para ele e o ajudaria a modificá-lo.

Foi exatamente isso que Buck fez.

Eu o havia ajudado e ele quis retribuir. Sabia que Arnie aproveitaria a oportunidade de se comunicar com pacientes de câncer — se nós a explicássemos e lhe poupássemos o tempo que não tinha. Percebendo que a única objeção de Arnie era o tempo e basicamente transformando nosso produto em algo que lhe custaria muito menos tempo, conseguimos obter um valioso endosso.

Mais uma vez obrigada, Arnie, e a você também, Dr. Buck.

Sim, é dando que se recebe.

Barney

Aquilo começou com uma olhada nos olhos de algumas crianças.

Sheryl Leach o vira nos olhos de seus filhos quando eles assistiam a um vídeo que ela havia feito sobre um dinossauro.

Como ocorre com a maioria dos grandes sucessos, a genialidade do vídeo de Sheryl não surgiu de sua convicção de que faltava algo no mundo — nesse caso em particular, bons programas infantis de televisão. Sua fé e aquele interesse nos olhos de seus filhos a convenceram. Ela pediu nossa ajuda.

Sheryl queria saber nossa opinião sobre o vídeo. Nós dissemos que gostamos dele, mas salientamos que, estando muito acima das idades de 5 e 7 anos, não fazíamos parte do mercado-alvo. Mas nossos filhos sim.

Felizmente, havíamos aprendido a testar vídeos infantis. O teste não é se as crianças assistem ao vídeo e parecem apreciá-lo, mas se assistem a ele tantas vezes que dispensam o som; começam a recitar as falas de cor.

Nossos filhos fizeram isso.

Nesse meio-tempo, Sheryl levou o vídeo para um mercado de teste da Toys Я Us. O observador racional concluiu que não havia um mercado para ele.

Ou havia?

A primeira pista da possibilidade de comercializar sua idéia não é o forte interesse de muitas pessoas, mas a óbvia paixão de uma quantidade significativa delas.

Grandes idéias ateiam e avivam pequenas chamas.

"Eu gosto disso." "É realmente uma boa idéia." Essas respostas são aniquiladoras. O que você quer sentir é a paixão.

Sheryl sentiu a paixão, mas ainda assim seu produto estava emperrado. Nós lançamos uma campanha incentivando 3 mil representantes de campo a pedir a todos — supermercados, revendedores de massa, lojas de presente de bairro — que apresentassem o vídeo. Eles receberam muitos "nãos".

Contudo, Sheryl sentira a paixão. Ela percebeu algo mais: *nós compramos com os olhos*.

Isso torna difícil vender um vídeo. É apenas mais um numa prateleira. Um comprador pode facilmente deixar de notá-lo; na verdade, o notaria se ao menos o estivesse procurando. E mesmo assim poderia não vê-lo.

Sheryl percebeu que precisava atrair os olhares das pessoas. Sua solução simples foi um pequeno dinossauro de pelúcia acompanhando o vídeo. Depois, para ocupar mais espaço na prateleira e chamar mais atenção, mais dois vídeos.
Nós compramos com os olhos.
Agora ela tinha quatro produtos, um deles um claro símbolo visual da marca. Agora tinha uma linha em vez de apenas um produto. As crianças veriam o dinossauro e o desejariam. Quando soubessem que o novo brinquedo era o astro de um filme, desejariam o vídeo também.

Agora Sheryl tinha o olhar das pessoas. Dentro de meses tinha o coração das crianças, um programa de televisão, uma linha de roupas, lancheiras, toalhas de papel — o império chamado Barney.

Ela foi perseverante, como os grandes vendedores devem ser. Mas foi perseverante porque perguntou, viu e sentiu a paixão.

Os estranhos estão apaixonados pelo que você está vendendo?

Se estão, você chegou lá — ou está muito perto disso. Encontre a última peça do quebra-cabeças.

Se você sente a verdadeira paixão, chegou lá — ou está muito perto disso.

O sanduíche de 18 milhões de dólares

Em 8 de dezembro de 1994, a Procter & Gamble fechou um negócio de 18 milhões de dólares com uma até então minúscula empresa — tudo por causa de um sanduíche de hambúrguer, queijo e pimentão. Nenhuma das várias empresas de serviços para o varejo que disputavam essa conta gigante teria imaginado que tanto se resumiria a tão pouco. Mas tudo o que precisavam fazer era perguntar.

A história começa em Cincinnati, na sede da P&G. No outono anterior, vários executivos perceberam que haviam criado um monstro. Durante anos contrataram e mantiveram mais de vinte empresas diferentes para ajudá-los a gerenciar seu estoque, o estoque das lojas e a propaganda dos pontos de compra, entre outros serviços. Com vinte empresas diferentes vinham vinte faturas diferentes, vinte relacionamentos diferentes para administrar e outras claras ineficiências.

A solução da P&G foi óbvia: consolidar.

A ferramenta inicial também foi óbvia: uma concorrência.

Com tanto dinheiro em jogo, muito foi gasto. As empresas concorrentes, que normalmente enviariam um representante para fazer suas apresentações, enviaram até oito. Quando, semanas após as apresentações, o comitê da P&G visitou as finalistas em suas cidades, foi festejado em vários dos melhores — e mais caros — restaurantes da América. Nenhum vinho foi poupado.

Mas as concorrentes se esqueceram de algo: o apetite de Bruce.

Bruce voou para Minneapolis para uma visita à SPAR Marketing, desejando particularmente garantir que a SPAR tinha a equipe e os processos necessários para gerenciar uma conta tão grande. Ele chegou ao aeroporto de Minneapolis ao meio-dia.

Estava faminto.

Como qualquer uma ainda no páreo, a representante de vendas da SPAR estava ansiosa por impressionar Bruce e seus três colegas da P&G quando os cumprimentou no aeroporto. Ela achou que um modo perfeito seria convidá-los para almoçar no Minikahda Club, com vista para o Lake Calhoun, ou em um dos outros restaurantes freqüentados por executivos de Minneapolis.

Então a mulher ouviu uma vozinha:

"Não se esqueça de perguntar."

Em vez de decidir impressionar o quarteto, ela preferiu perguntar. O que eles *adorariam*?

Bruce sabia. Ele havia visitado as Twin Cities anos antes e se lembrava de um sanduíche que adorara: de hambúrguer com queijo e pimentão em um pãozinho redondo. "Eu não me lembro do lugar mas nunca me esquecerei daquele sanduíche."

"É o Delwich, da Licoln Del", disse ela. "Bem no caminho de nosso escritório."

Bruce atacou com gosto seu adorado Delwich e as risadas no Lincoln Del naquele dia provaram que o melhor modo de quebrar o gelo pode ser com um sanduíche. O grupo acabou de comer e completou o breve percurso até a sede da SPAR. Eles foram embora e, para a SPAR e suas concorrentes, a espera começou.

Ela terminou 16 dias depois, logo após as 7h30.
"Eu tenho uma boa e uma má notícia para vocês."
Gulp. Espere, talvez não?
"A boa notícia é que conseguiram nosso negócio."
Entusiasmo. Espere, ainda há a má notícia.
E a má notícia?
"A mesma coisa: vocês conseguiram *nosso* negócio", disse Bruce rindo, enfatizando a reputação da P&G de ser um cliente difícil.
De quanto é a conta?
"18 milhões de dólares." A SPAR havia literalmente duplicado, da noite para o dia.
O que fez a diferença?
"O sanduíche. Ninguém mais nos perguntou o que queríamos; presumiram que ficaríamos impressionados com o restaurante mais elegante de sua cidade. Vimos dúzias desses lugares. Mas só vimos um Lincoln Del.

"E eu achei que quem nos sugeriu o sanduíche certo no momento certo também reagiria a nós de outras maneiras."

Imagens visuais memoráveis estão sempre presentes na história das vendas. Logo depois que as apresentações terminam e as luzes voltam a ser acesas, os possíveis clientes se lembram de um único lembrete visual, e um Efeito de Vividez cria raízes. As pessoas se lembram mais claramente do que é vívido, e se associam com isso.

Repetidamente, elas escolhem o que é vívido.

O Delwich e o barulhento Lincoln Del eram vívidos, especialmente por serem únicos. Todas as outras concorrentes optaram por um restaurante com candelabros e toalhas de linho branco. A SPAR optou pelo oposto — uma barulhenta delicatéssen — e ganhou.

No final, com vinte empresas no páreo, alguém na Procter & Gamble diria: "Ok, qual é a SPAR?" Tudo que alguém precisaria dizer era: "A do Delwich." Todos se lembravam do sanduíche, das risadas e do ato de simplesmente perguntar.

Por isso, eles se lembraram da SPAR — e a escolheram.

Seja vívido.

Um dia com o melhor vendedor do mundo

Das grandes proezas do mundo das vendas, nenhuma supera a realizada antes das 14 horas do dia 16 de julho de 2005, em Florença, Itália.

A época e data foram relevantes, porque no meio daquele dia de verão, como era de se esperar, fazia calor em Florença: 34ºC — e ninguém sonharia em comprar um casaco comprido de couro.

Contudo, naquele dia Raphael Asti vendeu não só um casaco, mas três, e para um casal que chegou a Florença procurando apenas um par de sapatos de couro cor-de-laranja.

Essa proeza começou com o casal americano sentindo muita sede. Eles se sentaram em um café no lado norte de uma grande praça, a Piazza Republica. Bem à sua frente, à distância de um campo de futebol, viram uma réplica da famosa Estátua de Davi.

O casal trocou opiniões sobre a estátua. Quando a mulher terminou, eles ouviram uma terceira voz.

"Essa não é a estátua verdadeira, vocês sabem."

Sem querer parecer ignorantes (e com a vantagem de ter lido os guias para turistas), o casal se virou na direção da voz para dizer que aquilo não era novidade para eles. Então viram um homem de ombros e peito largos, de 35 anos, quase certamente italiano pelo tom de sua pele e suas feições, embora não pelo seu físico, que parecia o de um *linebacker* do San Francisco 49ers.

"Ah, sim, nós sabemos", disseram os americanos.

Esse foi o início de uma daquelas amizades instantâneas e intensas de um dia que surgem entre os turistas e as pessoas que encontram. O homem se apresentou: Raphael. Seu domínio do inglês se tornou imediatamente óbvio: sua pronúncia sugeria que ele era do norte da Califórnia, em vez de do norte da Itália. Ele a explicou. Sua mulher havia trabalhado como compradora da Saks Fifth Avenue, originalmente de San Francisco.

Interessante! Como eles se conheceram? "Eu a visitei", respondeu o homem. "Minha família trabalha com artigos de couro."

Eles continuaram a conversar. O homem amável perguntou aos turistas sobre luas-de-mel e a Costa Amalfitana de seu país; eles perguntaram sobre a mulher e os filhos de Raphael. Ficaram sabendo que ele fez casacos de couro para Hillary Clinton e Venus Williams, entre outras celebridades. (Mais tarde ele confirmou isso mostrando instantâneos das mulheres em suas criações.)

Fascinante, disseram os turistas.

"Vocês gostariam de ver meus casacos?", perguntou Raphael. "Minha loja fica a apenas um quarteirão daqui."

É claro que sim.

Ele telefonou para sua loja para avisar que estavam indo para lá.

Os turistas foram recebidos com cordialidade na loja e logo viram a fonte do orgulho do jovem. Embora Florença seja para o couro o que Key West é para as camisetas — um lugar onde é tão abundante que você acharia que a lei da oferta e da procura reduziria seu preço ao de alguns chicletes — eles não puderam deixar de notar que as peças eram singularmente belas.

Raphael encontrou rapidamente o casaco perfeito para a mulher: uma jaqueta justa cor-de-chocolate com o lado avesso de um tom um pouco mais claro. Com seus cabelos castanhos e sua pele morena, ela poderia realmente ter inspirado essa obra de arte.

A jaqueta era linda. Na verdade, tão linda que eles tiveram de perguntar:

"Quanto custa?"

Raphael pegou uma calculadora, mostrou o preço de etiqueta e depois seu preço especial para o

casal. Em comparação com as lojas dos Estados Unidos, o preço dele era irresistível, mesmo que a jaqueta não parecesse ter qualquer utilidade naquele dia escaldante.
Fim da transação? Não, ainda não.
Raphael perguntou se eles gostariam de conhecer sua loja principal, a uns poucos metros a leste da ponte que é o ponto de referência de Florença: a Ponte Vecchio. Era tão perto! Sim, é claro.
O trio tomou o rumo do rio.
Eles foram novamente recebidos com cordialidade, dessa vez por uma vendedora segurando uma garrafa de Chianti com um laço vermelho. "Um presente", disse ela, entregando-a para o surpreso casal.
Raphael pediu para o casal ver sua *pièce de résistance*. Ele estava certo. Era uma peça irresistível: um casaco comprido de couro e pele em vários tons de marrom. Ele colocou sua obra de arte sobre os ombros da mulher. Como por um milagre, cada tom do casaco combinava com um tom dos cabelos dela. A mulher não era mais uma mera turista americana. Agora, por meio do milagre do couro e da linha de costura, tinha se transformado na estrela de cinema americana visitando Florença.
A próxima pergunta do casal foi inevitável: quanto custava parecer uma indicada para a Melhor Atriz Coadjuvante? Novamente, Raphael mostrou o preço de etiqueta e depois o preço especial para eles. Era o preço da *résistance*.
Como eles poderiam não pagar uma fração de 1 milhão de dólares para parecer toda a soma?
Não poderiam.
Mais cedo, durante a prova de casacos, o casal havia expressado preocupação com sua reserva para

o almoço. Agora que tinham terminado, souberam que a jovem vendedora a fizera. Ela lhes ofereceu novamente a garrafa de vinho "na loja". Mas espere, ainda não acabou. Aquela peça notável, maravilhosa, de couro com pele de raposa ao redor do pescoço — quanto custava? Ah, céus, uma fortuna em Nova York e uma pequena fortuna em Florença, mas com o desconto do designer... eles também poderiam ir à liquidação de estoque da Gap... Vendida!

O casal chegou em Florença procurando apenas um par de sapatos cor-de-laranja. Foram embora, em um dia quente demais para qualquer coisa mais pesada do que um par de chinelos de dedo, com três casacos e uma imagem assustadora de sua próxima conta do American Express.

O que Raphael fez?

Ele vendeu sem vender. Na verdade, desde o início pareceu desviar a conversa de seu trabalho. Em última análise, transmitiu o orgulho que sentia de sua arte e só perguntou se os turistas gostariam de vê-la, estando na Cidade do Couro.

Ele vendeu com sua paixão — talvez uma força poderosa.

Vendeu com sua empatia. Percebeu que mesmo seu preço reduzido era mais do que o casal pretendia pagar, mas também conseguiu transmitir — como tantos italianos conseguem, dada sua visão de viver cada dia — que às vezes devemos apenas viver.

Ele criou — um ponto importante — um desejo de retribuição. Raphael ofereceu mais do que apenas um desconto no preço. Incluiu vinho, reservas para o almoço, o "vinho conosco". A cada vez que o casal comprava um casaco, Raphael lhes retribuía. A cada vez que ele lhes oferecia alguma coisa, eles sentiam necessidade de retribuir.

Seja como Raphael.

Giovanni e a força extraordinária da paixão

Um dia Kay Redfield Jamison olhou ao redor, notou a força extraordinária de uma emoção raramente examinada e escreveu um livro fascinante sobre o tema.

O tema é *Exuberância.*

Você pensará nesse título se algum dia encontrar o melhor maître-d'hotel do mundo.

Ele se chama Giovanni Freelli e trabalha em um hotel ao lado de um rochedo em Ravello, Itália, o famoso Hotel Caruso.

É fácil notá-lo, entre outros motivos, por sua semelhança com Robert De Niro em *O poderoso chefão.* Seu formidável nariz romano, seu queixo marcante, sua pele morena e seus cabelos lisos e brilhantes penteados para trás levam a essa associação.

Se você teve a sorte de passar vários dias em seu hotel, notou algo mais. Viu Giovanni na noite anterior, durante a exibição de fogos de artifícios na praia. Também o viu à hora do almoço e agora ele o cumprimenta no café-da-manhã.

Você começa a pensar, embora isso não possa ser verdade, que ele esteve ali durante todas as horas de todos os dias de sua visita.

Não consegue evitar a pergunta:

"Você está trabalhando horas extras enquanto um segundo maître é treinado?" (O hotel reabriu recentemente após uma reforma de vários anos e não é fácil encontrar bons maîtres em uma cidade tão pequena da Itália.)

"Não."

Não? Você percebe que sua pergunta foi retórica; sabia que a resposta seria "sim". Mas "não"?

Você menciona que o viu no café-da-manhã, no almoço e no jantar, e agora o está vendo no café-da-manhã de novo. Talvez haja outra explicação: ele trabalha três ou quatro dias por semana, 16 horas por dia, por isso o segundo maître só trabalha na segunda metade da semana. É isso?

Não. Ele diz que trabalha todos os dias, menos domingo.

Ele vai para casa todos os dias?

"Sim. Por uma hora, às 16 horas, para tomar banho e trocar de roupa para o jantar." (Ele usa um paletó branco antes das 16 horas e um preto à noite.)

"Você trabalha 96 horas por semana?", pergunta você, tendo multiplicado as 16 horas entre 8 da manhã e meia-noite por seis dias por semana.

"Sim."

Céus! Por quê?

"É o que eu adoro fazer. Também adoro estar com todas essas pessoas, neste lugar." E acrescenta, inesquecivelmente. "É assim que eu sou."

Poder-se-ia argumentar que Giovanni se tornou o melhor maître do mundo apenas devido à sua prática. Trabalhando o dobro das horas por ano de uma pessoa típica em sua profissão, ele acumulou quarenta anos de experiência em seus vinte anos de carreira. Mas sem dúvida há algo mais.

Giovanni descobriu sua paixão e você pode sentir isso. Deseja estar perto dele, ser servido por ele, sentir sua consciência da vida aumentada por ele.

Você sabe que Giovanni fará tudo que puder para tornar sua visita perfeita.

E ele faz.

Que você também possa viver sua paixão.

TRÊS PENSAMENTOS, UM DESEJO

Terminamos com três pensamentos — não, três convicções apaixonadas.

Em primeiro lugar, ficamos impressionados com as últimas histórias. Elas nos lembram claramente do poder de doar. Buck e Arnie o experimentaram porque outra pessoa o experimentou; Morrie Wagener o experimentou durante anos e ainda o experimenta, e parece realmente rico por isso; e Raphael recebeu porque deu.

O título de nosso livro parece sugerir: "O que eu posso receber?" Talvez a única resposta seja esta: "Não se preocupe com resultados, apenas entregue-se."

Em segundo, pensamos no livro de Vonnegut, *God Bless You, Mr. Rosewater*, no qual o tio rico de Eliot Rosewater o aconselha sobre o sucesso. Sabendo que Elliot não possui nenhuma das qualidades de uma pessoa bem-sucedida, seu tio recomenda sorte:

"Algum dia uma grande soma de dinheiro mudará de mãos, Eliot", diz ele. "Fique no meio."

O sucesso está lá fora. Às vezes você o alcança perseguindo-o. Em outras ocasiões, precisa apenas estar no caminho da sorte para encontrá-lo.

Vá para onde você não quer ir. Fique no caminho da sorte.

Finalmente, nosso título soa como narcisista. (A falecida Katharine Hepburn, uma famosa e confessa narcisista, deu à sua autobiografia o título de *Me*, e nós não podemos resistir a acrescentar o comentário de Fred Allen sobre um narcisista: "Eu o avistei andando de mãos dadas com ele mesmo.") Contudo, a lição irônica é que nós raramente alcançamos o sucesso sozinhos; nós o alcançamos por meio dos outros. Os outros se tornam nossos clientes, amigos, mentores, nos dão conselhos e dinheiro. Entendendo os outros, aumentamos nossas chances de encontrar nosso lugar.

Um dia isso o fará ganhar mais dinheiro, mas todos os dias o tornará mais satisfeito.

Você pode ser como um dos co-autores, uma pessoa introvertida; muitos leitores são. Sente-se desconfortável neste mundo de relacionamentos, um canhoto em um mundo de ferramentas para destros, e acha embaraçoso seguir nossas sugestões. Nós entendemos.

Continue a jogar. E presuma diariamente que há algo mais que você pode fazer para crescer e colher recompensas. Nós pensamos nas palavras de um certo poeta que freqüentemente parafraseamos para nós mesmos: viva os problemas e não se preocupe quando eles persistirem.

Viva o problema e um dia você viverá a solução.

Finalmente, nós pensamos em Henry David Thoreau. Legendariamente sozinho em Walden Pond, em comunhão apenas com a natureza e talvez Deus, Thoreau incentivou todos nós a aproveitar a vida.

Como observou E. B. White, Thoreau disse a todos nós que "todo dia é um convite para sua dança".

Uma notável escolha de palavras. De todos os escritores na história, nenhum pode ser mais difícil de imaginar dançando um simples dois para lá, dois para cá, quanto mais um samba, do que Thoreau. Mas há em seu apelo a mensagem final para todos nós: vá para a dança da vida. A vida é maravilhosa e passa em um piscar de olhos.

Tentamos fazer isso sempre que podemos, e as palavras neste livro nos ajudaram. Esperamos que também o ajudem.

Vá.

CHRISTINE E HARRY
Março de 2007

SOBRE OS AUTORES

Como o diretor estratégico da Beckwith Partners, **HARRY BECKWITH** liderou grandes iniciativas de marketing para 26 empresas Fortune 200, inclusive a Wells, Fargo, Target, Microsoft, Ernst & Young e Fidelity Investments. Harry também é um aclamado orador, tendo feito discursos de orientação geral para a American Marketing Association, National Speakers Association e China Fashion Week, palestras em várias universidades e escolas de negócios e apresentações em toda a Europa, Ásia e América do Sul.

Seu primeiro livro, **Selling the Invisible**, foi considerado um dos dez melhores livros de negócios e administração de todos os tempos e passou 36 meses consecutivos na lista de best sellers da Business Week. Suas vendas totais excederam 600 mil exemplares em 17 traduções. Seus livros subseqüentes sobre marketing de serviços e relacionamentos com clientes — The Invisible Touch e What Clients Love — se tornaram best sellers da Business Week e sua leitura de What Clients Love foi finalista do Audio Book of the Year, em 2003.

Harry é um graduado Phi Beta Kappa pela Stanford University. Mais tarde se tornou editor-chefe da Oregon Law Review, a mais alta distinção da universidade, e secretário jurídico do Honorável James M. Burns da United States District Court, do District of Oregon.

Após sete anos na área pública e privada, Harry deixou o Direito em 1980 e, quatro anos depois, foi nomeado supervisor criativo da Carmichael Lynch, a promoção mais rápida da história da agência que a *Advertising Age* considerou por quatro vezes a agência de médio porte mais criativa dos Estados Unidos.

Harry, que tem seis filhos com sua mulher Christine Clifford Beckwith, também é Masters de bridge e ávido atleta. Desde 1975 ele correu mais de 88.000km — mais de uma volta e meia ao redor do mundo.

CHRISTINE CLIFFORD BECKWITH é diretora de vendas da Beckwith Partners e CEO/presidente do The Cancer Club, o maior fornecedor do mundo de produtos humorísticos e úteis para pessoas com câncer.

Como vice-presidente executiva sênior da SPAR Marketing Services e a melhor profissional de vendas na indústria de serviços ao varejo por mais de oito anos, Christine foi responsável por contas da Kmart, Toys Я US, Procter & Gamble, AT&T, Mattel Toys e Revlon.

Diagnosticada com câncer de mama em 1994, Christine escreveu quatro premiadas descrições de sua história em seus livros intitulados *Not Now... I'm Having a No Hair Day*, *Our Family Has Cancer, Too!*, *Cancer Has Its Privileges: Stories of Hope and Laughter* e *Your Guardian Angel's Gift*.

Christine freqüentou a University of Denver e a University of Minnesota, especializando-se em comunicação oral. Foi agraciada com a Order of the Delta Gamma Rose pela irmandade por suas contribuições para o mundo e seu reconhecimento nacional.

Anfitriã do Christine Clifford Celebrity Golf Invitational, em prol da pesquisa do câncer de mama, Christine arrecadou mais de U$1,25 milhão para a causa. Ela recebeu da American Cancer Society o "The Council of Excellence Award" por geração de renda. Christine recebeu seu CSP (Certified Speaking Professional) da National Speakers Association, uma distinção concedida aos melhores 7% de oradores profissionais em todo o mundo.

Christine e Harry vivem em Minneapolis, Minnesota, com sua quase lendária gata voadora Simone, e qualquer um de seus muitos filhos que os possam estar visitando.

Para informações sobre seus serviços de consultoria, ensino e palestras sobre posicionamento, marca e relacionamentos com clientes, visite Beckwithpartners.com ou telefone para a Beckwith Partners: 612-304420. Envie um e-mail para Harry em: invisble@bitstream.net (por favor, observe a letra "i" faltando) para assinar sua newsletter.

Para mais informações sobre Christine e The Cancer Club, visite cancerclub.com, ChristineClifford.com ou telefone para 952-944-0639. O e-mail dela é Christine@cancerclub.com.

Este livro foi composto na tipologia
Garamond ITC Bk BT, em corpo 12/14,5,
impresso em papel off-white 80g/m²
no Sistema Cameron da Divisão Gráfica
da Distribuidora Record.